Sagen und Geschichten aus Münster und dem Münsterland

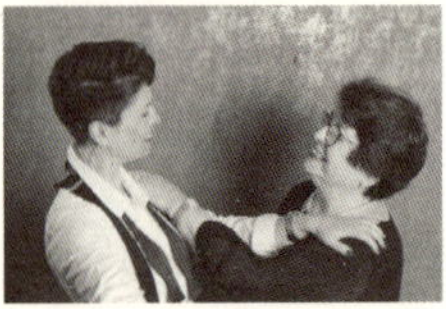

© Privat

Die Autorinnen

Das Mutter-Tochter-Duo Barbara und Vera Isabelle Blasum lebt in Münster, wo beide in ihrer Freizeit als Stadtführerinnen tätig sind. Die Uni-Bibliothekarin und die Marketing- und Vertriebsleiterin eines Kulturbetriebs interessieren sich nicht nur für die Geschichte, sondern insbesondere auch für die Geschichten ihrer Heimatstadt und deren Umgebung. Das aus diesem Interesse heraus entstandene Buch »Sagen und Geschichten aus Münster und dem Münsterland« ist nach dem humorvollen Titel »Das Schwein da vorne ist meine Tochter« das zweite gemeinsam verfasste Buch von Barbara und Vera Isabelle Blasum. Denn auch wenn der Titel ihres Erstlings es anders vermuten lässt, sind sie ein unschlagbares, tolles Team, das u.a. auch die Liebe zur Literatur und zum Schreiben eint.

Barbara & Vera Isabelle Blasum

Sagen und Geschichten aus Münster und dem Münsterland

Edition Falkenberg

Titelzeichnung: Peter Fischer, Winkeldorf

1. Auflage 2023

ISBN 978-3-95494-315-9
www.edition-falkenberg.de

Inhalt

Spuk-, Geister- und Teufelssagen

Sagen über Hexen und Zauberer

Pestsagen

Sagen aus Zeiten des Krieges

Dieses Buch ist all denjenigen gewidmet,
die wir lieben und die uns lieben.

Vorwort

Es heißt zwar, die Westfalen seien eher wortkarg, dennoch existiert ein großer Schatz mündlich überlieferter Erzählungen. Die ehemals reiche Heide- und Moorlandschaft des Münsterlandes wie auch seine zahlreichen Wasserschlösser und Burgen, haben sicherlich ihren Anteil an der Mystik, die gerade dieser Region zugeschrieben wird.

Anders als Märchen haben Sagen einen realistischen Kern, knüpfen sie doch an reale Gegebenheiten wie beispielsweise tatsächliche Orte, Personen oder Ereignisse an. Sage und Märchen beinhalten magische Elemente und teilen mythologische Wurzeln. Aus diesem Grund finden sich in vielen Sagen auch typische Märchenfiguren – von Hexen über Riesen bis hin zum Teufel. Eine ebenfalls mit der Sage verwandte Textsorte ist die Legende. Sagen und Legenden haben nahezu dieselben Eigenschaften, letztere beschäftigen sich allerdings mit religiösen Themen.

Nicht immer kann trennscharf zwischen den zuvor genannten Textsorten unterschieden werden. Dies zeigt sich u.a. auch in den diesem Buch zugrundeliegenden Quellen, die die einzelnen Erzählungen mal unter der einen, mal unter der anderen Textsorte subsummieren. Und so mag auch unsere Zuordnung der hier in diesem Buch veröffentlichten Erzählungen zur Textsorte Sage Raum für Diskussionen geben.

Wichtiger als eine derartige Diskussion war uns allerdings der Inhalt, der für dieses Buch ausgewählten Sagen. Die Textauswahl ist unserer Tätigkeit als Stadtführerinnen geschuldet, denn als solche hegen wir ein besonderes Interesse an der Geschichte und den Geschichten unserer Heimatstadt Münster und ihrer Umgebung. Absichtlich haben wir auf eine ausschmückende Erzählweise verzichtet, um einerseits nicht vom jeweiligen Kern der Sagen abzulenken und um andererseits einem weiteren Wesensmerkmal der Sage, ihrer Kürze, treu zu bleiben.

Wir wünschen viel Freude beim Lesen und laden Sie herzlich ein, Münster und das Münsterland auch vor Ort zu erkunden. Denn hier gibt es sagenhaft viel zu entdecken!

Barbara & Vera Isabelle Blasum

Die Westfalen

Der erste Westfale

Den Westfalen sagt man einerseits nach, sie seien stur – nennt sie gar »Westfälische Dickköpfe«. Andererseits heißt es aber auch, man könne sich auf sie und ihr Wort verlassen, auch wenn die Westfalen zuweilen eher wortkarg und um ihre Ruhe bedacht sind.

Glaubt man der Sage, dann trug sich die Erschaffung des ersten Westfalens wohl wie folgt zu: Zu Lebzeiten wanderte Christus gemeinsam mit dem Apostel Petrus durch die dichten Eichenwälder Westfalens. Das Land war zwar unbewohnt und entsprechend öde, doch waren seine Schönheit und Fruchtbarkeit offensichtlich. Darum bat Petrus den Herrn, das Land mit Menschen zu bevölkern, auf dass sie die Kraft dieses Landes nutzen könnten. Christus wollte der Bitte seines Jüngers jedoch nicht entsprechen, denn er befürchtete, dass die Menschen, die sich von diesem Land nähren würden, wohl ebenso ungeschlacht wie das Land selbst sein würden.

Petrus aber gab nicht auf und bat den Herrn beständig darum, das Land zu bevölkern. Schließlich ließ sich Christus erweichen und gab den Bitten seines Jüngers nach. Er stieß mit dem Fuß an einen Erdklumpen, der direkt vor ihm lag, und sprach dabei: »*Werde ein Mensch!*«

Sogleich regte sich der Erdklumpen und es formte sich aus ihm ein großer, starker Mensch. Dieser, kaum dass er fertig dastand, herrschte seinen Schöpfer an: »*Wat stött hei mi?*« (»*Was störst du mich?*«) und bewies damit nicht nur das von Christus befürchtete ungeschlachte Benehmen, sondern provozierte auch direkt einen Streit mit seinem Schöpfer.

Doch nicht nur mit ihrem Schöpfer gerieten die Westfalen aneinander, wie die nachfolgende Sage zeigt.

Die Westfalen und der Teufel

Einst trafen der Teufel und der Herr aufeinander. Auf die Frage des Herrn, wo der Teufel zuletzt gewesen sei, antwortete dieser, er habe sich auf der Erde herumgetrieben. Daraufhin wollte der Herr wissen, ob der Teufel dort auch das harte und unbelehrbare Westfalenvolk getroffen habe. Dies bejahte der Teufel, er sei sogar ein paar Mal mit ihm aneinandergeraten. Deshalb sann der Teufel auch auf Rache und schlug daher dem Herrn vor, dieser möge ihm das Westfalenvolk überlassen, auf dass der Teufel dafür Sorge trage, dass die Westfalen dem Herrn keinen weiteren Ärger bereiteten. Unter der Bedingung, dass der Teufel das Westfalenvolk aus der Welt hinausschaffe, stimmte der Herr dem Vorschlag des Teufels zu.

So zog der Teufel los, um einen riesigen Sack anfertigen zu lassen. Als dieser fertig war, steckte er alle Westfalen hinein und erhob sich sodann zusammen mit dem prallgefüllten Sack in die Lüfte, um die Westfalen aus der Welt hinauszuschaffen.

Den Westfalen kam das Ganze seltsam und verdächtig vor, sodass sie anfingen voller Unmut in dem Sack zu rumoren. Dies führte dazu, dass es dem Teufel zunehmend schwerfiel, seine Last zu tragen. Erschöpft setzte er den Sack auf einem Berg ab. Als die Westfalen wieder festen Boden unter sich spürten, machten sie sich sofort daran den Sack zu zerreißen. Der Teufel wusste gar nicht, wie ihm geschah, als mit einem Mal aus unzähligen Löchern tausende Westfalen geradezu aus dem Sack hervorquollen und noch ehe er es sich versah, in alle Richtungen davonstoben.

Als sich der Teufel und der Herr das nächste Mal begegneten, sah sich der Teufel den Vorwürfen des Herrn ausgesetzt. Denn anstatt die Westfalen aus der Welt hinauszuschaffen, hatte der Teufel im Gegenteil dazu beigetragen, dass sie sich über die ganze Welt zerstreuten.

Der Teufel bat den Herrn um Nachsicht und Verständnis, kenne er doch selbst die Hartnäckigkeit des Westfalenvolks, das weder auf den Herrn noch auf den Teufel hören wolle. Der Teufel gab die Westfalen zurück in die Hände des Herrn, auf dass dieser mit ihnen tun möge, was er wolle. Denn selbst in der Hölle wollte der Teufel die Westfalen offenkundig nicht haben …

Sagen von Land und Leuten

Liudger und die Gänse

Einst übertrug Karl der Große dem Friesen Liudger die Missionierung des heutigen Münsterlandes. Dieser gründete im Jahr 793 an einer Furt über die Münstersche Aa ein Kloster, auf dessen lateinische Bezeichnung »monasterium« übrigens der Name der hier im Folgenden entstandenen Stadt zurückgeht: Münster. Im Jahr 805 wurde Liudger zum ersten Bischof von Münster geweiht.

Viele Wundergeschichten erzählt man sich von Liudger, der gern umgeben von Gänsen dargestellt wird. Doch was für eine Beziehung hatte Liudger zu diesen Tieren?

In einer Sage wird berichtet, dass einst ein Bauer aus Billerbeck zu Liudger kam und ihm sein Leid klagte, weil Wildgänse ständig über seine Felder herfielen und diese leerfraßen. Egal, ob sie sich auf die frische Saat stürzten oder auf das sprießende Grün daraus – die

Arbeit des Bauern war stets vergebens und dieser verzweifelte zunehmend.

Liudger sprach beruhigend auf den Bauern ein und machte ihm den Vorschlag, den gefräßigen Tieren einfach zu befehlen, in den Stall zu gehen. Dort solle er sie so lange wegsperren, bis sie eine Besserung gelobten.

Der Bauer war etwas verwirrt ob dieses ungewöhnlichen Ratschlags. So etwas hatte er von einem Geistlichen nicht erwartet, ja noch nie gehört. Er ging erst einmal von einem Scherz des Bischofs aus. Aber als die Wildgänse am nächsten Tag wieder seine Felder heimsuchten, war ihm schon alles egal und so rief er ihnen zu: »*Kommt alle in den Stall. Liudger befiehlt es euch!*« Und, oh Wunder, die Tiere schienen die Botschaft zu verstehen und marschierten im Gänsemarsch in den Stall.

Als Liudger das nächste Mal in der Gegend vorbeikam, besuchte er den Bauern. Dieser berichtete ihm dankbar und begeistert, was geschehen war. Liudger suchte danach den Stall auf, segnete die Tiere und bat sie, nie wieder die Felder des Bauern zu verwüsten. Und so geschah es auch.

Neben der Verdrängung der Wildgänseplage wirkte der heilige Liudger weitere Wunder wie beispielsweise die Heilung von Augenkrankheiten. Ob Liudger seinen eigenen Augen nicht traute, als einst der Fürstbischof Christoph Bernhard von Galen nach Münster einzog, ist nicht gewiss.

Der kopflose Liudger

Man erzählt sich, dass die Statue des heiligen Liudger am Rathaus in Münster den Kopf hin und her geschüttelt habe, als Fürstbischof Christoph Bernhard von Galen Einzug in die Stadt hielt. In dem Moment, als von Galen Münsters Rathaus erreichte, habe die Statue den Kopf gar so stark geschüttelt, dass dieser vom Rumpf und auf die Erde fiel.

Das Entsetzen aller wog so schwer, dass niemand es wagte, den Kopf wieder aufzuheben. Es dauerte lange, ehe ein Steinmetz die Statue wieder instand setzte.

Doch nicht nur dem heiligen Liudger schien es zu missfallen, dass Christoph Bernhard von Galen nach Münster einzog …

Bomben-Bernd

Da Christoph Bernhard von Galen sich nicht nur als friedlicher Geistlicher zeigte, sondern seine kriegerische Seite durch den Einsatz von Kanonen demonstrierte, wurde er mit Beinamen wie »Bomben-Bernd« oder »Kanonenbischof« bedacht. Trotzdem war von Galen ein tieffrommer Mann, ein Reformbischof, der in seinem Bistum die Schulpflicht einführte. Er wurde jedoch nicht als gütiger Landesvater gesehen, da er sich zu gerne mit seinen militärischen Erfolgen brüstete. Ja, er war eine umstrittene Persönlichkeit, über die es auch einige Sagen gibt.

Christoph Bernhard von Galen kam 1606 auf Haus Bisping bei Rinkerode zur Welt und wurde 1650 zum Fürstbischof von Münster geweiht. Der Sage nach soll er sich den Bischofshut selbst aufgesetzt haben.

Als von Galen Krieg gegen die Niederländer führte, dachte er sich eine besondere Kriegslist aus: Er befahl die Eisen der Pferde verkehrt herum anbringen zu lassen. Auf diese Weise wurden die niederländischen Soldaten, die sie verfolgten, getäuscht und konnten so in einen Hinterhalt gelockt und überfallen werden. Natürlich war Christoph Bernhard von Galen neugierig und daran interessiert zu erfahren, wie wohl sein Ansehen bei den Niederländern war. Doch wie sollte er das herausfinden? Nach langem Überlegen verkleidete er sich als Eierhändler und suchte einen Markt in einer kleinen niederländischen Stadt auf. So konnte er sich unerkannt unters Volk mischen. Zu seiner großen Verwunderung sah er überall lächerliche Karikaturen von sich, wie er als Reiter mit seinem Bischofsstab verkehrt herum auf einer alten Sau ritt. Nach dem Motto »Augen zu und durch« stellte er sich jedoch der peinlichen Situation und klärte einige Umstehende auf: »*Die Sau hat ja keine Kramb an, da kann sie ja noch ordentlich wühlen.*« Nach dieser Äußerung machte er sich dann aber ganz schnell aus dem Staub, um bloß nicht erkannt zu werden.

Eine weitere Sage erzählt Folgendes: Um das Wasserschloss Haus Assen in Lippborg einzunehmen, musste sich von Galen ebenfalls einer List bedienen. Der stolze Schlossbesitzer war ein Raubritter, der sein Eigentum stark gesichert hatte. Deshalb hatte der Kanonenbischof kein Glück bei der Eroberung des Schlosses. Da ihm sein Trick mit der Verkleidung schon einmal gedient hatte, griff er abermals zu dieser Täuschung. Nun kostümierte er sich als Bauer, der seine Ware, in diesem Fall waren es ein paar junge Hähnchen, der Schlossküche anpreisen wollte. Sein Auftreten war wohl sehr überzeugend, denn die Hauswirtschafterin bot ihm nicht nur Brot und Bier an, sondern hielt auch noch einen kleinen Plausch mit ihm. Zwischendurch gelang es von Galen, unauffällig in den Hof des Schlosses zu schleichen und die Kanonen unbrauchbar zu machen. Als seine Soldaten am nächsten Tag das Schloss geradezu überrannten, konnten die Bewohner ihren Besitz nicht mehr verteidigen.

Der Kanonenbischof hatte bekommen, was er wollte, doch die Bevölkerung machte sich mit diesem Spottvers über ihn lustig:

Berndken von Gaohlen
kann puchen, kann praohlen,
kann stinken, kann leigen,
*kann Lüde bedreigen.**

* Bernhard von Galen kann plündern, kann prahlen, kann ärgern, kann lügen, kann Leute betrügen.

Im Zusammenhang mit dem Kanonenbischof erzählt man sich übrigens auch immer wieder von der »Großen Grete« …

Die große Grete

Zu Lebzeiten von Christoph Bernhard von Galen gab es eine besonders große Kanone, die eine enorme Reichweite hatte und unter dem Namen »Die große Grete« bekannt war.

Einerseits heißt es, »Die große Grete« habe sich im Besitz des Kanonenbischofs Bomben-Bernd befunden und habe die nachfolgende Inschrift getragen:

Graute Greit heit ik,
siewwen Meil fleig ik,
harr ik mine Swester bi de Hand,
*dann konn ik beschermen gans Mönster un't Land.**

Andererseits wird aber auch erzählt, »Die große Grete« habe auf der Burg Tecklenburg gestanden und sei damit im Besitz des dortigen Grafen

* Große Grete heiß ich, sieben Meilen flieg ich, hab ich meine Schwester bei der Hand, dann kann ich beschirmen ganz Münster und das Land.

gewesen. In dieser Erzählung heißt es dann, die Inschrift auf der Kanone habe gelautet:

Grote Greite heit ick,
sewn Meilen scheit ick,
*den ick dröp, den greut ick.**

Im Zusammenhang mit letzterer Erzählung ist auch von der Fehde zwischen Münsters Fürstbischof Christoph Bernhard von Galen und dem Tecklenburger Grafen die Rede. Da keine friedliche Einigung in Sicht war, wollte der Fürstbischof die Waffen sprechen lassen und die Burg stürmen. Hierzu ließ er alle Waffenpflichtigen zwecks Musterung auf der Heide bei Sankt Mauritz zusammenkommen.

Zufrieden mit der Musterung, befahl der Fürstbischof, eine große Tafel im Freien aufzustellen, um dort gemeinsam mit den Offizieren zu speisen. Man wähnte sich hier in Sicherheit, da es bis Tecklenburg ein mehrstündiger Marsch war und Vorposten und Streifenwachen auf-

* Große Grete heiß ich, sieben Meilen schieß ich, den ich treff, den grüß ich.

gestellt waren, die im Fall der Fälle rechtzeitig Alarm schlagen würden.

Die Gefahr, die von der »Großen Grete« ausging, hatte man jedoch nicht einkalkuliert. Denn obgleich sie weit entfernt stand, besaß ihr Kanonier scharfe Augen und hatte von der Tecklenburger Höhe aus die Menschenansammlung auf dem flachen Land bei Sankt Mauritz entdeckt.

Und so kam es, dass das festliche Mahl, zu dem der Fürstbischof geladen hatte, ein jähes Ende fand, als plötzlich und unerwartet eine Kugel aus der »Großen Grete« herbeigeflogen kam.

Zum Glück gab es keine Opfer zu beklagen, doch das Entsetzen war groß. Groß war zugleich aber auch die Angst, gegen einen Feind ins Feld zu ziehen, der über eine solch fürchterliche Waffe verfügte. Die Aussichtslosigkeit, die bevorstehende Schlacht zu gewinnen, ließ den Fürstbischof statt seiner Truppen einen Unterhändler zum Tecklenburger Grafen schicken, auf dass Frieden geschlossen werde.

Und so hatte »Die große Grete« gesiegt, ohne auch nur einen Tropfen Blut zu vergießen.

Ebenfalls ohne Blutvergießen, dafür aber mit einer klischeehaft weiblichen Mordmethode – dem Giftmord –, trachtete zur Zeit der Wiedertäufer eine junge Frau dem damaligen Fürstbischof Franz von Waldeck nach dem Leben.

Die münstersche Judith

Die Zeit der Wiedertäufer währte in Münster von 1534 bis 1536. Diese radikale Gruppierung sah die Kindertaufe als ungültig an und forderte stattdessen die Erwachsenentaufe. Nach Überzeugung der Wiedertäufer gehörte man nämlich nur so zum Volk Gottes und konnte sich angesichts des ihrer Meinung nach nahenden letzten Gerichts Hoffnung auf das Himmelreich machen.

Da sich viele Menschen in Münster den Wiedertäufern anschlossen, sah sich deren Anführer Jan Matthys darin bestätigt, dass Münster der Ort sein müsse, der beim bevorstehenden Weltuntergang verschont bleiben würde: das biblische »Neue Jerusalem«.

Die Wiedertäufer zögerten nicht, die Stadt von Ungläubigen zu reinigen. Viele lebten also in Angst und Schrecken. Sie setzten all ihre

Hoffnung in den aus der Stadt vertriebenen Bischof Franz von Waldeck, der mit seinen Truppen vor den Toren Münsters darauf wartete, die Stadt von den Wiedertäufern zurückzuerobern.

Es gab allerdings auch Befürworter der radikalen Fanatiker wie die junge Frau Hille Feicke. In einer der Wiedertäuferpredigten hörte sie die Geschichte der Judith aus dem Alten Testament, der es gelang, das Volk Israel zu retten, indem sie dem assyrischen Feldherrn Holofernes den Kopf abschlug. Judith verkörperte Mut, Entschlossenheit und aufopferungsvolle Vaterlandsliebe.

Kämpferisch, mutig und gottesfürchtig wie sie war, konnte Hille Feicke sich sehr gut vorstellen, eine münstersche Judith zu sein. Dieser Gedanke ging der jungen Frau bald nicht mehr aus dem Kopf, sie war von ihm außerordentlich fasziniert. In ihrem religiösen Eifer war sie nach einer Weile sogar fest davon überzeugt, dass Gott gerade sie für diese Rolle auserwählt habe.

Hille Feickes Idee war es, sich heimlich in das vor der Stadtmauer gelegene Lager des Bischofs Franz von Waldeck zu schleichen. Zuvor hatte sie ein kostbares, mit Goldfäden durchzogenes

Männerhemd an der Innenseite des Kragens mit Gift getränkt, das den Träger umbringen würde. Dieses Hemd wollte sie dem Bischof schenken. Gleich ihrem biblischen Vorbild zog sie ihre schönsten Kleider an und machte sich auf den Weg. Doch schon nach kurzer Zeit wurde sie von den aufmerksamen Wachen aufgegriffen. Wider Erwarten brachte man Hille Feicke jedoch nicht zum Bischof, sondern zum Drosten. Dieser fragte sie aus, woraufhin Hille Feicke natürlich nicht die Wahrheit erzählte, sondern stattdessen eine reichlich krude Geschichte erfand. Das, was er hörte, konnte den Drosten nicht überzeugen und er hatte große Zweifel an ihren Aussagen. Als ein aufrechter Münsteraner Bürger ihm dann erzählte, dass Hille Feickes Lügen nur darauf abzielten, den Bischof umzubringen, war ihr trauriges Ende besiegelt. Sie wurde nach Bevergern gebracht, wo sie unter dem Schwert des Scharfrichters büßte.

Dem Bischof Franz von Waldeck gelang es schließlich im Juni 1535, die Wiedertäufer zu besiegen und die Stadt Münster zurückzuerobern.

Während es in dieser Sage Franz von Waldeck war, der die Stadt Münster von den Wiedertäufern zurückeroberte und so erlöste, war es der Sage nach ein anderes Mal ein Tier, das die Stadt und ihre Bewohner rettete.

Der goldene Hahn

Im 17. Jahrhundert wurde die Stadt Münster einmal mehr belagert und ihre Einwohner darbten angesichts der aus der Belagerung resultierenden Hungersnot. Die Belagerer sahen ihr Ziel, die Eroberung Münsters, in greifbarer Nähe, doch dann wendete sich mit einem Mal das Blatt: Auf dem Aegidii-Tor stolzierte laut krähend ein Hahn auf und ab.

Als die Feinde das Tier dort sahen, schwand ihre Hoffnung auf einen schnellen Sieg, vermuteten sie doch nun noch ausreichend Nahrungsmittel in der belagerten Stadt, die ihr Vorhaben, die Stadt auszuhungern, in weite Ferne rückten. Die Belagerer gaben schließlich auf und die Stadt war gerettet – gerettet von einem Hahn, der aus Furcht vor seinem Schlachter geflüchtet war. Der Sage nach wurde der Hahn gehegt und gepflegt und nach seinem Tod in Silber gegossen.

Heute befindet sich im Friedenssaal des Münsteraner Rathauses der sogenannte »Goldene Hahn«. Dies ist ein vergoldetes Trinkgefäß in Form eines Hahns, dessen Kopf man abnehmen kann, um aus dem Hals des »Goldenen Hahns« – Münsters Symbol für Frieden und Freiheit – zu trinken. Diese Ehre wird allerdings nur ausgewählten Ehrengästen zuteil.

Während beispielsweise Angela Merkel, der Dalai Lama oder auch Vitali Klitschko bereits die Ehre hatten, aus dem »Goldenen Hahn« trinken zu dürfen, wurde Lambert von Oer alles andere als eine solche zuteil, als man ihm ein ganz besonderes Halsband umlegte …

Das eiserne Halsband

Zwischen Gotthard von Harmen – einem bergischen – und Lambert von Oer, Herr zu Kabsbeck – einem münsterschen Junker – herrschte einst ein erbitterter Streit um ein Stück Land. Dieses hatte Lambert von Oer gekauft, doch da

Gotthard von Harmen der Meinung war, das Stück Land gehöre zur Erbmasse seiner Frau, standen die beiden Junker vor Gericht. Hier bekam Lambert von Oer, sehr zum Missfallen seines Kontrahenten, Recht. Gotthard von Harmen wollte den Urteilsspruch partout nicht hinnehmen und ließ anschließend nichts unversucht, seinen vermeintlichen Anspruch mit Gewalt durchzusetzen.

Nach verschiedenen Anschlägen auf Lambert von Oer selbst sowie auf dessen Hab und Gut, die jedoch allesamt scheiterten, sann Gotthard von Harmen umso mehr auf Rache. Deshalb lauerte er Lambert von Oer auf, als dieser gerade zum Gottesdienst nach Lüdinghausen ritt. Ehe Lambert von Oer es sich versah, wurde er plötzlich und unerwartet von seinem Pferd gerissen. Die Furcht, sein letztes Stündlein habe geschlagen, stieg in ihm auf. Doch sein Leben wurde verschont – stattdessen schloss sich ein eisernes Halsband um seinen Hals.

Lambert von Oer, froh darüber am Leben zu sein, war zwar verwirrt angesichts des Halsbands, zeigte sich aber überaus zuversichtlich, dieses wieder loswerden zu können. Wie viel schlechter hätte dieser Überfall doch für ihn ausgehen können! Und so scherzte Lambert von Oer auch daheim bei seiner Frau über das Halsband. Allerdings verfinsterte sich seine Laune bald, als ihm bewusst wurde, dass das Halsband im Grunde genommen ein Folterinstrument war. Im Inneren des eisernen Halsbandes befanden sich nämlich spitze Stacheln, die beständig in seinen Hals stachen.

Von Schmerzen gepeinigt, wusste Lambert von Oer weder ein noch aus. In seiner Not suchte er in Münster einen Schmied auf, denn das Halsband war so kunstvoll geschmiedet, dass es nicht erkennen ließ, wie es wohl geöffnet werden könnte.

Sein guter Ruf eilte dem münsterschen Schmied voraus und so hoffte Lambert von Oer hier Hilfe zu finden. Nachdem der Schmied das Halsband in Augenschein genommen hatte, war er zunächst ratlos, denn auch er fand keinen Ansatzpunkt. Er hoffte jedoch, es durch gezielte, für Lambert von Oer nicht ganz ungefährliche, Hammerschläge zu zerstören.

Und so legte Lambert von Oer, mit dem Hals auf einem Amboss liegend, sein Schicksal in die Hände des Schmieds. Dieser schlug mit voller Kraft ganze drei Mal auf das Halsband und sprach dabei: »*Im Namen des Vaters, des Sohnes und des heiligen Geistes.*«

Kaum, dass der letzte Schlag das Halsband getroffen hatte, sprang dieses auf und Lambert von Oer war erlöst.

Es müssen nicht zwangsläufig Gegenstände – wie beispielsweise zuvor das eiserne Halsband – sein, die zu einer wie auch immer gearteten Herausforderung werden. Gerade auch Menschen können herausfordernd sein, ob durch ihr Wesen oder ihr Verhalten …

De Freileins

In der Münsterländer Parklandschaft liegt die Gemeinde Metelen. Ende des 15. Jahrhunderts existierte ebenda ein freiweltliches Damenstift. Die Stiftsfrauen, die dort lebten, waren nicht nur fromm, sie konnten – im Gegensatz zu den Männern in ihren Familien – schreiben und lesen. In der Bevölkerung hießen sie nur »de Freileins«.

»De Freileins« hatten allerdings keinen guten Ruf bei der Landbevölkerung, da sie sich mit Vorliebe und zu den ungünstigsten Gelegenheiten selbst einluden. Die Bauern knirschten mit den Zähnen und stöhnten innerlich, wenn sie wieder einmal zum Kaffee auftauchten. Sie mochten »de Freileins« nicht, weil sie ein sehr einnehmendes Wesen an den Tag legten und gerne die Butter mitnahmen. Man bewirtete sie nur ungern und war froh, wenn sie sich wieder auf den Nachhauseweg machten.

Eines Tages hatte eine Magd jedoch eine gute Idee: »De Freileins« hatten bereits Kaffee getrunken und Kuchen gegessen und wollten noch das übliche Stück Butter mitnehmen, als sich die Magd in den Nacken griff, um danach etwas auf der Butterkerne zu zerdrücken. »De Freileins« nahmen dies mit Entsetzen wahr. Sie gingen davon aus, dass es sich um Ungeziefer handelte und verzichteten darauf, die Butter mitzunehmen. Nach diesem Besuch hatte der Bauer Ruhe vor »de Freileins«.

Generell trieben es die Stiftsdamen allesamt ausgesprochen bunt mit der Bevölkerung. Doch besonders zwei von ihnen, »de Fink un de Falk« blieben in unguter Erinnerung. Eine andere Sage erzählt davon, dass diese beiden nach ihrem Ableben keine Ruhe fanden. Fink und Falk mussten auf einem glühenden Wagen durch die Luft rasen. Dieser stieß in die Erde hinein, die sich über den beiden Stiftsdamen schloss. Keine von beiden wurde je wieder gesehen, wohl aber gehört: In Lohoffs Esch vernahm jemand spät abends zwei jammernde Stimmen, die einander zuriefen: *»Ich Fink und du Falk, ewig, ewig!«* Dies waren die beiden Stiftsdamen, die dort wiedergehen mussten.

Die Damen des Stifts gaben durchweg ein schlechtes Vorbild ihres Standes ab. Eine andere aus ihrem Kreise hatte Ärger mit allen und hatte deshalb schon sechzehnmal den Kirchenbann erhalten. Es war ihr jedoch egal, sie änderte ihr Verhalten nicht. Kurz bevor sie starb, verkündete sie ahnungsvoll, dass nach ihrem Tod alle über ihren Kopf laufen würden. Und – was niemand für möglich gehalten hätte – tatsächlich geschah es auch so: Die Stiftsfrau wurde in Brinckwirths Brennerei begraben und über ihre Grabstätte laufen tagtäglich viele Menschen.

Schenkt man der nächsten Sage Glauben, erfreuten sich die Mönche eines Klosters, das sich früher einmal in der Nähe von Hopsten befand, eines ebenso schlechten Rufs wie »de Freileins« …

Das heilige Meer

In der Nähe von Hopsten liegt das sogenannte »Heilige Meer«. Man erzählt sich, dass an der Stelle, an der sich heute der tiefe See befindet, früher einmal ein großes Kloster gestanden habe. Die Mönche des Klosters führten allerdings, verführt durch den Reichtum des Klosters, kein gottgefälliges, sondern ein eher lasterhaftes Leben. Ein Laster führte zum nächsten und es entstand aus der Unmäßigkeit auch die Unkeuschheit. So begehrten die Mönche beispielsweise eine schöne und unschuldige junge Frau, die sie nur zu gerne in ihre Gewalt gebracht hätten.

Als die Eltern dieser Jungfrau eines Tages auf Reisen waren, sahen die Mönche ihre Chance gekommen und entführten die junge Frau. Sie brachten sie in das Kloster und schlossen sie dort in eine Zelle ein.

Es war an dem alten, frommen Pförtner Johannes, die junge Frau mit Essen und Wasser zu versorgen. Er verabscheute das Unrecht, das die Mönche ihr antaten, zutiefst und versprach der jungen Frau, sie zu ihren Eltern zurückzubringen.

Am darauffolgenden Abend zog ein starkes Unwetter auf. Der Himmel verdunkelte sich mit schwarzen Wolken und lautes Donnergrollen war zu hören. Da pochte, Schutz vor dem Gewitter suchend, ein Reiter an die Klosterpforte. Johannes ließ ihn herein und nahm ihn mit in seine Zelle. Der fromme Mann hatte das Gefühl, der Reiter sei ihm von Gott gesandt worden, deshalb bat er ihn um Unterstützung bei der Rettung der Gefangenen. Im Gegenzug wollte der Reiter die junge Frau sehen, denn er ahnte aus Johannes' Erzählung, dass es sich um seine Verlobte handeln könnte! Und so war es in der Tat auch.

Im strömenden Regen und von den Mönchen unbemerkt gelang den Dreien die Flucht.

Denn die Mönche hielten mal wieder ein wüstes Gelage, das ein grausames Ende fand, als ein gewaltiger Blitz in das Kloster einschlug.

Am nächsten Tag, als sich das Gewitter verzogen hatte, befand sich an der Stelle, wo das Kloster gestanden hatte, ein tiefes Gewässer, das von da an »Heiliges Meer« genannt wurde.

Wasser hat viele Eigenschaften, es kann Freund und Feind zugleich sein. Manchmal wird es ersehnt und hat quasi einen reinigenden Charakter, manchmal muss man aber auch davor fliehen, wie in der Sage vom »hockenden Weib«.

Das hockende Weib

Nicht überall sah es immer so aus wie heute. Vor langer, langer Zeit erstreckte sich das Meer bis weit ins heutige Binnenland und erreichte sogar den Teutoburger Wald, jenes Mittelgebirge, das sich sowohl in Nordrhein-Westfalen als auch in Niedersachsen ausbreitet. Natürlich machte schon damals das Wetter, was es wollte, und so kam es von Zeit zu Zeit zu großen unvorhersehbaren Sturmfluten, die die Menschen in Angst und Schrecken versetzten.

Am Rande des Teutoburger Waldes lebte einst eine arme Witwe mit ihren beiden Kindern in einer kleinen Hütte. Die Kinder waren ihr ein und alles und entsprechend kümmerte sie sich sehr um sie. Eines Tages sah die Mutter, wie sich der Himmel plötzlich verdunkelte und hörte schon kurz darauf ein unheimliches Brausen und Rauschen. Sie wusste, was das bedeutete: Das Wasser, es kam wieder. Und es war schnell! Eilig nahm sie ihre Kinder, packte das Nötigste ein und machte sich schnurstracks auf zum Kamm des Teutoburger Waldes. Der Weg war steinig und ging stetig bergan. Mühsam kämpften die drei gegen den heftigen Sturm. Die Mutter war erschöpft und verzweifelt. Sie hieß ihre weinenden Kinder sich auf ihre Schultern zu setzen, denn das Wasser umspülte sie bereits. Als sie spürte, dass sie das Gewicht ihrer Kinder auf dem Rücken nicht mehr lange würde tragen können, flehte sie mit letzter Kraft: »*Herr, ich will wohl sterben, aber rette meine Kinder!*« Der Herr erhörte sie und verwandelte sie in einen Stein. Die Kinder waren auf ihrem steinernen Rücken sicher und geborgen bis die Flut wieder abzog.

Der Felsen »Das hockende Weib« ist heute schon von Weitem zu sehen. Er gehört zu einem Teil der Dörenther Klippen und ist ein beliebtes Ausflugsziel zum Wandern und Klettern. Der tapferen Mutter, die sich für ihre Kinder aufopferte, wurde damit ein Naturdenkmal gesetzt.

Nicht für ihre Kinder, wohl aber für eine Verwandte opferte sich ein junges Mädchen in Münster auf – ein Denkmal wurde ihr jedoch nicht gesetzt. Immerhin lebt sie aber in der Sage weiter …

Der nächtliche Gottesdienst

Einst lebte eine alte geistliche Jungfer in Münster, die sich einer jungen Verwandten angenommen hatte. Die Jungfer hoffte sehr, ihr Mündel möge ebenfalls in den geistlichen Stand eintreten. Doch das junge Mädchen, obgleich es fromm erzogen worden war, konnte sich nicht dazu entschließen.

Als die geistliche Jungfer eines Tages erkrankte, hatte das Mädchen alle Mühe, ihre Verwandte wie auch sich mit seinen Handarbeiten über die Runde zu bringen. Und so nähte es Tag um Tag bis spät in die Nacht, ohne dabei jedoch den frühmorgendlichen Kirchgang anlässlich der Fünf-Uhr-Messe zu vernachlässigen.

So kam es, dass das junge Mädchen eines Tages nach einer abermals kurzen Nacht meinte, es sei bereits an der Zeit, zur Kirche zu gehen. Es gab daher seiner Verwandten zunächst deren Medizin und machte sich danach im Dunkel der Winternacht auf zur Messe. Die Türen der Kirche standen weit offen als das Mädchen dort eintraf, fielen aber lautstark hinter ihm zu, sobald es hindurchgegangen war.

Im nächsten Moment schlug die Glocke Mitternacht und dem jungen Mädchen wurde klar, dass es zu früh zur Messe gekommen war. Es wollte die Kirche wieder verlassen, doch die Kirchentüren ließen sich nicht öffnen. Angst stieg in ihm auf, doch wagte es sich in die Nähe der ewigen Lampe bis vor den Hochaltar, um dort betend die Zeit bis zur Frühmesse zu verbringen.

Mit einem Mal ertönte an der Sakristeitür ein Klingeln und ein Priester im Messgewand trat herein. Das Mädchen war erfreut und dachte, dass es doch zur richtigen Zeit erschienen sei. Es wunderte sich jedoch, warum außer ihm niemand sonst die Messe besuchte.

Der Priester selbst wirkte unruhig, während er die Lichter am Altar entzündete. Schließlich näherte er sich dem Mädchen und als er ihm eine Lampe vor das Gesicht hielt, sah sich das Mädchen einem Totenkopf gegenüber, aus dessen Augenhöhlen unablässig Tränen flossen.

Das Mädchen war erschrocken, riss sich aber zusammen, denn es vermutete, es könnte wohl ein Priester sein, der gelobt hatte, diese Messe zu lesen, dies aber versäumt hatte. Und so kniete das Mädchen vor dem Altar nieder. Während der Priester die erforderlichen Worte sprach, wurde es nach und nach ruhiger und verlor ganz seine Angst.

Als die Messe sich ihrem Ende zuneigte, verwandelte sich die Gestalt des Priesters, der zunächst einer Leiche ähnelte, dann aber immer verklärter wurde. Am Ende der Messe stand der Priester schließlich in Gestalt eines Engels vor dem Mädchen und segnete es mit einem Palmzweig. Danach verschwand er und das Mädchen sank ohnmächtig zu Boden. Dort fanden es die Gläubigen, die später die Fünf-Uhr-Messe besuchten. Das Mädchen erlangte erst das Bewusstsein wieder, als man es nach Hause zu seiner Verwandten getragen hatte.

Das Gemüt des Mädchens machte nach dieser Begegnung eine Verwandlung durch. Es legte das Gelübde des geistlichen Standes ab, entschlief jedoch nur ein halbes Jahr später.

Während in dieser Sage der Priester Erlösung finden konnte, ist dies beim wilden Jäger in der folgenden Sage nicht der Fall. Das ist vielleicht auch der Grund, warum mit ihm nicht zu spaßen ist …

Der wilde Jäger und der Schneider

Ist vom »Wilden Jäger« die Rede, dann ist dies in der Regel eine zumeist hochstehende Persönlichkeit, die selbst zu den unpassendsten Zeiten – zum Beispiel während der Karfreitagsmesse – ihrer Jagdleidenschaft nachging und aus diesem Grund zur ewigen, ruhelosen Jagd verdammt ist. In Münster erzählt man sich von solch einem wilden Jäger:

Hier saß ein Schneider einst in seiner Nähstube und arbeitete fleißig. Als sich mit einem Mal unvermittelt der Himmel verdunkelte und es zu winden begann, sah der Schneider neugierig aus dem offenen Fenster hinaus. Da zogen mit Gebraus und Gebell der wilde Jäger und seine Meute über den Prinzipalmarkt durch die Luft. Das war ein Lärm – ganz so, als würde die Welt jeden Moment untergehen!

Eigentlich, so sagt man den Schneidern nach, seien sie eher ängstlicher Natur, doch ängstlich, das war dieser Schneider ganz gewiss nicht! Denn spottend schrie er dem wilden Jäger durch das Fenster hindurch zu: »*Huhu, huhu, kliffklaff, kliffklaff!*« Und während sein Geschrei die Hunde nur noch mehr hetzte, trat plötzlich ein Pferdefuß durch das geöffnete Fenster und traf den Schneider mit voller Wucht. Dieser fiel getroffen wie tot zu Boden.

Angesichts dieses Erlebnisses hütete sich der Schneider von da an, das Fenster zu öffnen und tat gut daran, den wilden Jäger nicht mehr zu verspotten.

Auf schmerzhafte Art und Weise hat der Schneider ganz offensichtlich seine Lektion gelernt. Zwar nicht schmerzhaft, aber dennoch eindrücklich ist auch die Lektion, die ein Dombaumeister in Münster einst den Domherren erteilte. Ob er Erfolg damit hatte – wer weiß?

Tiere am Dom

Der in seiner heutigen Gestalt im 13. Jahrhundert erbaute St. Paulus-Dom in Münster wurde im Laufe der Jahrhunderte – zuletzt durch die Bomben des Zweiten Weltkriegs – oftmals schwer beschädigt. Und obgleich man ihn stets wieder aufbaute, gingen viele dekorative Verzierungen des Doms verloren.

Eine dieser Verzierungen befand sich an der Nordseite des Doms. Hier konnte man einen auf einer dünnen Säule sitzenden Affen sehen, der dabei war, Nüsse zu knacken und deren Schalen auf den Boden zu werfen. Unter ihm, am Fuße der Säule, fraßen zur selben Zeit ein Schaf und eine Sau aus einem Futtertrog.

Natürlich warfen diese Tierbilder immer wieder Fragen nach ihrem Sinn und ihrer Bedeutung auf. Und auch wenn der Grund ihrer Entstehung nicht gesichert ist, so erzählt man sich, dass einst der Dombaumeister mit den Domherren in Streit geriet, da man sich uneins hinsichtlich seines Lohns war. Aus Verärgerung habe der Dombaumeister die drei Tiere am Dom anbringen lassen und außerdem überall den nachfolgenden Vers verbreitet:

Schafskleider tragen wir,
ein Schweineleben führen wir,
Affenspiele treiben wir.

Ihren Geiz haben die Domherren zumindest im übertragenen Sinne teuer bezahlt. Doch gilt dies auch für die geizige Bauersfrau in der gleichnamigen Sage?

Die geizige Bauersfrau

Wer Vermögen besitzt, ist nicht unbedingt großzügig den Armen gegenüber. Das war schon immer so. Es wird berichtet, dass eine Bauersfrau aus der Bauernschaft Wessendorf sehr knauserig hungrigen Bettlern gegenüber war. Sie ließ das übriggebliebene Essen lieber wegwerfen, als es den Armen zu geben. Ihre Magd konnte das nicht gut mitansehen und gab ihnen daher immer heimlich etwas zu essen.

Eines Tages starb die Bauersfrau. Als die Magd wieder einmal die Schweine füttern wollte, bemerkte sie auf dem Rand des Futtertroges eine schneeweiße Taube. Die musste unbemerkt durch die Bodenluke hereingeflogen sein. Da dies in den nächsten Tagen immer wieder geschah, sprach die Magd ihren Herrn darauf an und fragte ihn, was sie nun tun solle. Der sagte ihr, sie solle die Taube fragen, was sie wolle. Dabei sollte sie darauf achten, ihr nicht die Hand zu geben, weil diese sonst schwarz werden würde. Also tat die Magd, was der Bauer ihr gesagt hatte. Angesprochen, was sie wolle, bat die Taube die Magd ihr etwas zu essen zu geben, da sie und die armen Leute Hunger hätten. Die Magd sagte ihr dies zu. Daraufhin wollte die Taube, dass die Magd ihr die Hand darauf gäbe. Von ihrem Herrn gewarnt, ließ sich die Magd nicht darauf ein, sondern gab ihr stattdessen ihren Rockzipfel, der mit einem Mal ganz schwarz war. Die Taube wurde nicht mehr gesehen.

Ob geizig oder nicht – Menschen können sich ändern. Allerdings bedarf es dazu zuweilen eines bösen Erwachens oder gar einer im wahrsten Sinne des Wortes tierischen Überraschung wie in der Sage »Das Mäusegeld« …

Das Mäusegeld

In der Umgebung von Nordwalde lebte vor langer Zeit ein Gutsbesitzer, der böse war und zudem Mensch und Tier schlecht behandelte.

Besonders davon betroffen waren die Bauern, die bei ihm im Dienst standen. Trotz einer langen

Regenperiode mussten sie auf seinem Grund und Boden hart arbeiten. Er erlaubte ihnen nicht einmal, die eigenen Felder zu bewirtschaften, die natürlich auch nass waren und nun zu verfaulen drohten. In der Nacht hätten die Bauern ja Zeit genug, sich darum zu kümmern. Aber natürlich war niemand dazu in der Lage, denn nach der Tagesarbeit waren sie viel zu müde. Die Bauern waren verzweifelt und voller Sorge. Wenn die Saat nicht aufging, hatten sie nichts zu essen. Das machte sie gleichzeitig zornig. In ihrer Not erhoben sie die Fäuste. Frauen und Kinder weinten und wollten sich vor Verzweiflung an dem Despoten festklammern. Das wiederum erzürnte den Gutsherrn. Er wies seine Leute an, die Aufständischen in eine große Scheune einzusperren und das Tor zu verschließen. Ohne Wasser und Nahrung wollte er ihren Widerstand brechen.

Eines Tages hatte der Bösewicht Lust, mit Freunden auf die Jagd zu gehen. Als sie an der Scheune vorbeiritten, in der die Bauern darbten, hörten sie lautes Wehklagen und Jammern. Auf die Frage, was denn da los sei, lachte der Gutsherr nur und sagte: *»Das sind meine Mäuse.*

Hört ihr, wie sie pfeifen?« Dann ritt er fröhlich weiter und machte sich einen schönen Tag.

Als er am Abend wieder nach Hause kam, erwartete den Gutsherren eine große Überraschung. Von überall her liefen ihm Mäuse entgegen. Sie kamen aus Küche und Keller, Fenstern und Türen, ja aus jedem Zimmer und rannten ihm sogar über die Füße. Dabei stießen sie so hohe und spitze Pfeiftöne aus, dass er sich die Ohren zuhalten musste. Da der Gutsbesitzer es Zuhause nicht mehr aushalten konnte, floh er über die Felder in den Wald. Doch auch dorthin folgten ihm die kleinen tierischen Quälgeister. Sie waren einfach überall und fraßen alles, was ihnen vor die Zähne kam.

Irgendwann lief der Gutsbesitzer wieder zu seinem Hof, immer gefolgt von den kleinen Nagern und gab seinen Dienern den Befehl, das Scheunentor zu öffnen. Wider Erwarten lebten die Eingesperrten noch. Doch die Mäuse verließen ihn nicht. Erst als er sein böses Fehlverhalten einsah und in der Kirche bereute, was er seinen Leuten angetan hatte, zogen die Mäuse eine nach der anderen ab.

Der gewandelte Gutsherr war wirklich dankbar, dass Gott ihm geholfen hatte, die Plage zu überwinden, und wollte ein Zeichen setzen. Alle Familien, die in seinem Dienst standen, erhielten nun genug Brot und Lebensmittel, damit sie den Winter gut überstehen konnten. Außerdem bekamen sie etwas Geld – das sogenannte Mäusegeld.

Diese Sage zeigt einmal mehr, dass es ein schlimmes Ende nehmen kann, wenn man sich auf Kosten anderer bereichert. Hätte das doch nur der Wilddieb in der Sage »Der Hasenbraten« bedacht!

Der Hasenbraten

Wilderei war früher wie heute eine Straftat, mit der sich einst auch der Fürst von Bentheim-Steinfurt konfrontiert sah. Er beanspruchte die Jagdgerechtigkeit in seinen Forsten für sich allein und wollte natürlich herausbekommen, wer der Wilddieb war.

Unter Verdacht, heimlich Wild zu erlegen, fielen nach Dafürhalten des Fürsten zwei Bauern aus Wettringen. Um den Wilddieb zu überführen, griff der Fürst zu einer List. Er ließ beiden Bauern einen Hasen zukommen und wies sie an, diesen für ihn zuzubereiten.

Nach einigen Tagen traf der Fürst beim ersten Bauern ein. Er fragte ihn, ob das Essen – also der Hase – bereits fertig sei. Dies verneinte der Bauer und bat den Fürsten um ein wenig Geduld. Flugs holte der Bauer einen Kochkessel, hängte diesen über das Herdfeuer und warf den Hasen samt Haut und Haaren vor den Augen des Fürsten in den Kessel. Als er das Tier nach einiger Zeit mit einer Heugabel, die er eigens für diesen Zweck aus der Tenne geholt hatte, im Kessel umdrehte, stellte der Bauer fest: *»Jau, min Här, he häört all!«* (*»Ja, mein Herr, der haart aber!«*)

Aus dieser ungewöhnlichen und wenig gekonnt anmutenden Zubereitung des Hasen schlussfolgerte der Fürst, dass dieser Bauer wohl noch nie zuvor in seinem Leben einen Hasen zubereitet hatte. Entsprechend war der Fürst sicher, dass dieser Bauer nicht der Wilddieb sein könne.

Hatte der erste Bauer kläglich bei der Zubereitung des Hasen versagt, wusste der zweite Bauer hingegen mit seinen Kochkünsten zu glänzen. Er hatte sein Bestes gegeben, um den Hasen schmackhaft zu braten, auf dass der Hasenbraten den Fürsten freundlich stimmte. Das Gegenteil war jedoch der Fall, denn der Fürst war sich sicher, dass der zweite Bauer der Wilddieb sein müsse! Aus seinen Kochkünsten schloss der Fürst nämlich, dass er wohl kaum zum ersten Mal einen Hasenbraten zubereitet hätte. Entsprechend bestrafte der Fürst diesen Bauern, den er mit einer List erfolgreich als den Wilddieb überführt hatte.

Nicht ums Kochen, wohl aber ums Backen geht es in der nächsten Sage.

Der Hünenbackofen

Die Sage von zwei Hünen, die sich gemeinsam einen Backofen teilten, ist im Münsterland sowie darüber hinaus weit verbreitet. So wird beispielsweise von zwei Hünen erzählt, von denen der eine in Metelen und der andere in Borghorst zuhause war.

Eines Nachts wurde der Hüne von Metelen plötzlich durch ein Geräusch aus dem Schlaf gerissen. Er nahm an, der andere Hüne habe bereits mit dem Backen angefangen und das Geräusch, das ihn geweckt hatte, sei das Geräusch gewesen, das beim Auskratzen des Brotteigs entsteht. Daher beeilte er sich, seinen Teig zu nehmen und marschierte los zu ihrem Backofen, der sich auf halbem Weg zwischen den Wohnorten der beiden Hünen befand.

Als er den Backofen erreichte, war dieser jedoch kalt. Also machte sich der Hüne auf, um nach dem anderen Hünen zu sehen. Anders als erwartet, fand er ihn tief und fest schlafend in seinem Bett vor. Er weckte ihn, um herauszufinden, was denn gewesen sei – immerhin hatte ihn doch ein Geräusch geweckt. Der Hüne aus Borghorst gab verschlafen zur Antwort, er habe sich lediglich am Bein gekratzt, wodurch der Lärm wohl entstanden sei.

Ein Schaben und Kratzen war es übrigens auch, auf das Münsteraner Bäckerburschen aufmerksam wurden und einen Anschlag auf die Stadt Wien vereiteln konnten.

Der gute Montag

Im Jahr 1683 belagerten türkische Truppen die Stadt Wien. Nachdem die Feinde mehrfach versucht hatten, die Stadt zu stürmen, sah ein neuer Plan vor, unter der Stadtmauer hindurch einen Gang zu graben, um auf diese Weise den Truppen den Einmarsch und Überfall zu ermöglichen. Das alles musste natürlich heimlich und vorwiegend in der Dunkelheit der Nacht geschehen. Die türkischen Truppen hatten jedoch nicht mit einem Bäckermeister gerechnet, der in der Nacht mit seinen drei fleißigen Gesellen dabei war, das Backwerk für den nächsten Tag vorzubereiten. Einem der Burschen, Jürgen Lechther aus Münster, fielen zuerst merkwürdige Geräusche auf, die nichts Gutes verhießen. Es klang wie ein Schaben und Kratzen. Auch seine beiden Kollegen waren sich nach einer Weile sicher, dass da etwas in Gang kam, das unbedingt gemeldet und verhindert werden musste. Kurz und gut: Ihre rasche Information der zuständigen Obrigkeit ermöglichte die Vereitelung des Anschlags. Diese drei jungen Männer – zufällig alle aus Münster – hatten mit ihrer Aufmerksamkeit und Unerschrockenheit wesentlich dazu beigetragen, Wien vor einem Anschlag der Türken zu bewahren. Was für ein Glück!

Der damalige Kaiser Leopold I. war selbstverständlich überaus froh über den vereitelten Angriff und ließ die Bäckergesellen selbst ihre Belohnung bestimmen. Da es ein Montag war, an dem die pfiffigen Münsteraner das Unheil verhindern konnten, war ihre Bitte, ihnen jährlich einen freien Montag mit der Möglichkeit einer besonderen Feier zu gewähren. Natürlich wurde dieser Bitte entsprochen!

Aus diesem Privileg heraus ist »Der gute Montag« entstanden, der übrigens noch heute in Münster, wenn auch nicht mehr jährlich, sondern alle drei Jahre festlich gefeiert wird.

Spuk-, Geister- und Teufelssagen

Amtmann Timphot

Glaubt man der Sage, dann treibt seit nunmehr über 200 Jahren Amtmann Timphot in Münsters Aegidiiviertel spukend sein Unwesen.

Amtmann Timphot war zu Lebzeiten ein überaus hochmütiger und eitler Mann, der sich stets in einen grünseidenen Anzug kleidete. Auf dem Kopf trug er eine lange weiße Perücke sowie einen großen Dreispitz, also einen Hut mit drei Ecken – der Grund, warum ihn die Leute Amtmann Timphot nannten.

Am Tag der heiligen Scholastika, deren Gedenktag am 10. Februar begangen wird, fand immer ein großes Fest im Aegidiikloster statt. Zu diesem Anlass läuteten die Glocken bereits am Vortag sowie den Festtag selbst hindurch. Und während man sich allseits am Glockenspiel erfreute, regte sich in Amtmann Timphot stattdessen jedes Mal der Unmut, sodass er den Nonnen mehr als nur einmal ausrichten ließ, sie möchten das unnütze Läuten unterlassen, da es ihn störte. Die Nonnen kamen dem Ansinnen des Amtmanns jedoch verständlicherweise nicht nach und ließen die Glocken weiter läuten.

Als sich wieder einmal der Gedenktag der heiligen Scholastika jährte, fuhr Amtmann Timphot in einer vornehmen Kutsche die Aegidiistraße entlang, als gerade wieder die Kirchenglocken munter läuteten. Zornig schaute er zum Kirchturm hinauf und rief wütend: »*Scholastika, Scholastika, ich wollte, dass dich der Teufel holt!*« Kaum hatte er die frevlerischen Worte ausgesprochen, als sich mit einem Mal der Himmel verfinsterte und über dem Kirchturm von St. Aegidii zwei Teufel herbeiflogen. Gleichzeitig brach die Erde auseinander und öffnete sich zu einem großen Spalt, in dem Amtmann Timphot, ehe er es sich versah, samt seiner Kutsche und den Pferden versank. Genauso schnell, wie sie sich aufgetan hatte, schloss sich die Erde wieder und die Sonne kam zurück – ganz so, als sei nie etwas geschehen.

Seitdem wühlte Amtmann Timphot mit so viel Lärm und Spektakel unter der Erde herum, dass man ihn nicht nur auf der Aegidiistraße, sondern auch auf den benachbarten Straßen bis hin zur Rothenburg hören konnte. Sein Wühlen und Rumoren versetzte die Menschen nicht nur in Angst und Schrecken, sondern führte sogar dazu, dass im Jahr 1821 die Aegidiikirche einstürzte.

Amtmann Timphot ist seit diesem Moment aus seinem unterirdischen Verließ befreit und spukt nun stattdessen auf den Straßen umher. Dabei berühren seine Füße jedoch nie den Boden, da er stets ein kleines Stück darüber schwebt. Man sagt, das sei ein Fluch, da Amtmann Timphot zu Lebzeiten niemals zu Fuß habe gehen wollen, sondern immer in der Kutsche gefahren sei. Daher lasse der Teufel nun auch nicht zu, dass er nach seinem Tod die Erde betritt.

Mit dem Teufel ist fürwahr nicht zu spaßen, doch was, wenn dieser an der eigenen List scheitert?

Kirche ohne Kirchturm

Eine Kirche ohne Kirchturm? Das scheint undenkbar! Genauso war es einst im westfälischen Ochtrup, wo der Bau einer neuen Kirche so teuer geriet, dass der Bau eines Kirchturms schlichtweg nicht mehr zu finanzieren war. Natürlich war der Wunsch nach einem Kirchturm groß und so wurde hin- und herüberlegt, auf welche Weise das fehlende Geld aufgebracht werden könnte.

Als die Gemeindevertreter einmal mehr zusammensaßen und sich beratschlagten, trat plötzlich der Teufel zu ihnen. Neugierig fragte er nach dem Grund der Zusammenkunft. Als man ihm diesen nannte, bot er seine Hilfe an. Innerhalb kürzester Zeit wollte er den Ochtrupern zu einem Kirchturm verhelfen. Sein Anerbieten war allerdings nicht ganz uneigennütziger Natur und so erwartete der Teufel im Gegenzug, dass sich ihm die Ochtruper gelegentlich gefällig zeigen sollten.

Der langersehnte, nun in Aussicht gestellte Kirchturm ließ die Gemeindevertreter hocherfreut den Pakt mit dem Teufel eingehen. Nach seinen Wünschen gefragt, antwortete der Teufel, dass man ihm per Handschlag und Siegel versprechen möge, dass bei der nächsten Pfarrer- und Küsterwahl der von ihm empfohlene Kandidat gewählt werden sollte. Im Gegenzug würde noch vor dem ersten Hahnenschrei am nächsten Tag an der Kirche ein Kirchturm stehen.

Die leichtsinnigen Ochtruper stimmten der Bedingung zu und äußerten in diesem Zuge noch den Wunsch, dass der Kirchturm so sein möge wie der des nahen Ortes Gildehaus.

Als die Nacht hereinbrach, machte sich der Teufel daran, seinen Teil der Abmachung zu erfüllen. Hierzu umfasste er den Gildehäuser Kirchturm mit beiden Armen, um ihn in Richtung Ochtrup zu bewegen. Unter großer Anstrengung schob er den Turm den Berg hinauf, als nach nur etwa vierzig Schritten plötzlich das geweihte Kreuz von der Kirchturmspitze herunterfiel. Unsanft landete es genau in der Richtung, in die der Teufel den Kirchturm bewegen musste. Und so sehr er sich auch abmühte, es gelang ihm einfach nicht, den Turm über das Kreuz hinweg zu schieben. Die Zeit wurde knapp, seinen Teil der Vereinbarung zu erfüllen, denn der Morgen graute bereits und mit ihm ertönte auch schon der erste Hahnenschrei.

Vom Groll über sein Scheitern erfüllt, riss der Teufel die Spitze des Gildehäuser Kirchturms ab und schleuderte sie in Richtung Ochtrup.

Der Turm der Gildehäuser Kirche steht bis zum heutigen Tag übrigens noch dort, wo der Teufel ihn zurückgelassen hat – etwa vierzig Fuß abseits der Kirche …

Versprach der Teufel den Ochtrupern – natürlich nicht ganz uneigennützig – einen Kirchturm zu beschaffen, versuchte er in Münster gar den Bau einer ganzen Kirche zu verhindern …

Die Spur des Teufels

Es war der Bau einer weiteren Kirche in Münster, der einst den Teufel auf den Plan rief. Um jeden Preis wollte er die Fertigstellung der Überwasserkirche verhindern, weshalb er einen perfiden Plan ersann. Mit einer List wollte sich der Teufel den Baumeister der Überwasserkirche gefügig machen und ihn dahingehend manipulieren, dass dieser Baumeister selbst den Bau des Gotteshauses sabotieren würde. Auf diese Weise sollte der Bischof dazu gebracht werden, den Bau der neuen Kirche aufzugeben.

Um sein Ziel zu erreichen, nahm der Teufel die Gestalt einer wunderschönen Frau an. Als solche wollte er den Baumeister becircen und umgarnen. Doch der widerstand jeglichen Avancen, mochten sie auch noch so verlockend und schmeichelhaft sein, da er ein frommer und treuer Ehemann war, dessen Liebe einzig und allein seiner Ehefrau galt.

Die Standhaftigkeit des Baumeisters ließ den Teufel erkennen, dass sein ursprünglicher Plan ihn nicht ans Ziel führen würde. Doch so schnell wollte und konnte er sich natürlich nicht geschlagen geben! Daher sah er von seinem ursprünglichen Plan ab und offenbarte sich dem Baumeister nun in seiner wahren teuflischen Gestalt. Der Versuch, ihn nun mit allerlei in Aussicht gestellten Reichtümern zu bestechen, schlug jedoch ebenfalls fehl, denn ein weiteres Mal zeigte sich der Baumeister unbeeindruckt ob der Verlockungen und blieb einmal mehr standhaft. Stattdessen bat er den Teufel ihn in Ruhe zu lassen, da seine Zeit kostbar und knapp bemessen sei. Aus diesem Grund könne er auch keine weitere Ablenkung dulden, schließlich habe er den Bau der Überwasserkirche zu vollenden. Der Baumeister kehrte dem Teufel den Rücken und widmete sich wieder seiner Arbeit.

Ein solches Verhalten war dem Teufel noch nie untergekommen! Voller Zorn stampfte er in dem Wissen gescheitert zu sein, kräftig mit seinem Pferdefuß auf. Aufgebracht angesichts der erlittenen Schmach verschwand der Teufel unverrichteter Dinge, wobei nicht nur ein unangenehmer Schwefelgeruch von seinem Besuch blieb, sondern auch sein Hufabdruck im Steinboden des Kirchhofs. Diese Spur des Teufels soll man übrigens auch heute noch auf dem Kirchhof der Überwasserkirche entdecken können ...

Doch erzählt man sich in Münster nicht nur die Sage von der Spur des Teufels ...

Das unheimliche Haus

In Münster diente einmal eine Magd in einem Haus am Markt. Eines Tages wurde sie mitten in der Nacht wach und da der Mond unnatürlich hell schien, dachte sie, es sei bereits an der Zeit aufzustehen und mit dem Tagewerk zu beginnen. Sie machte sich als erstes daran, Kohlen zu holen. Hierfür musste sie in ein Haus unter dem Bogen gehen, dessen Haustür sperrangelweit offenstand, als sie dort ankam.

Die Magd trat in die Stube, wo sie um einen Tisch herumsitzend viele Männer antraf. Die Männer trugen allesamt seltsame alte Kleidung und große Perücken. Sie spielten Karten und funkelten die Magd böse an. Diese dachte sich nichts dabei, sondern nahm sich rasch die Kohlen und verließ die Stube wieder schnellen Schrittes. Kaum hatte sie jedoch das Haus verlassen, da war ihr das Feuer bereits erloschen, sodass sie ein weiteres Mal das Haus betrat, um neue Kohlen zu holen. Als sie erneut die Stube betrat, in der die Männer noch immer beim Kartenspiel beisammensaßen, sagte einer von ihnen ungehalten zu der Magd: »*Was störst du uns und unsere*

Ruh? Dieses Mal darfst du noch Feuer nehmen. Kommst du allerdings ein drittes Mal, brechen wir dir den Hals!« Die Magd nahm eilig die Kohlen und verließ so schnell sie konnte die Stube. Sie eilte, ohne sich auch nur ein einziges Mal umzudrehen, nach Hause, und als sie dort ankam, schlug die Glocke gerade ein Uhr nachts. Da erkannte die Magd, dass es nicht mit rechten Dingen zugegangen sein konnte, was sie soeben erlebt hatte. Sie warf die Kohlen auf den Herd und legte sich zurück ins Bett.

Am nächsten Morgen suchte die Magd nach den Kohlen, fand jedoch stattdessen lauter Goldgeld. Daraufhin wurde das Haus untersucht, in dem die Magd des Nachts die Kohlen geholt und in dem sie die Männer beim Kartenspiel überrascht hatte. Man fand dort allerlei vergrabene Schätze, durch die diese Leute sehr reich geworden sind.

Hatte vielleicht doch der Teufel seine Finger mit im Spiel und die Kohlen zu Gold verwandelt? Glaubt man der Sage rund um die Dübelseik, so hat er dort nämlich aus Porzellan Geld gemacht.

Die Dübelseik

Eingebettet in ein kleines Waldgebiet zwischen Ochtrup und Burgsteinfurt, ganz in der Nähe der Wasserburg Haus Welbergen, befand sich bis vor einigen Jahren eine alte, mächtige Eiche. Diese wurde im Volksmund »Dübelseik« genannt. Man erzählt sich, dass der Teufel selbst einst unter diesem Baum saß und sein Geld im Sonnenschein sonnte.

Die Kinder aus der Bauernschaft fürchteten sich nicht vor dem Teufel – ganz im Gegenteil: Sie besuchten die Dübelseik regelmäßig und trieben dort allerlei Schabernack. Aus Erzählungen weiß man, dass die Kinder rund um die Eiche unter anderem mit kleinen weißen Porzellanstückchen spielten oder aber im Ringelreihen um den Baum herumtanzten und dabei sangen: *»Dübel, Dübel, kumm herut un hal din Geld!«* (*»Teufel, Teufel, komm heraus und hol dein Geld!«*) Ließen sie das weiße Porzellan bei der Dübelseik zurück, so war es am darauffolgenden Tag stets verschwunden. Es heißt, der Teufel habe es zu Geld gemacht.

Man erzählt sich auch, dass, würde die Dübelseik gefällt, der Teufel zur nahegelegenen Wasserburg Haus Welbergen gehen würde. Und würde dort sein Fuß das Mauerwerk berühren, so würde die Burg in sich zusammenfallen. Da sich der Teufel allerdings lediglich alle hundert Jahre nur um einen Hahnenschritt der Burg nähern könnte, würde es aber noch eine ganze Weile dauern, ehe dies geschieht.

In der nächsten Sage kommt der Teufel schneller ans Ziel, doch geschieht dies nicht ohne Verlust …

Steine in der Davert

Auf dem Weg von Münster in die Davert finden sich überall einzelne große Steine. Rund um ihre Herkunft ranken sich verschiedene Sagen, zu denen beispielsweise auch die nachfolgende gehört:

Einst führte den Teufel sein Weg von Münster aus in die Davert, wobei er einen großen Sack mit sich trug, der bis obenhin mit großen Steinen gefüllt war, sodass er schwer an dieser Last zu tragen hatte. Irgendwann kam es, dass er mit dem Sack, der ihm mit jedem Schritt ein Stück weiter vom Rücken hinabrutschte, über einen auf der Erde liegenden Felsen schrammte. Der Sack bekam ein Loch, durch das vom Teufel unbemerkt, nach und nach immer wieder Steine herausfielen und entlang des Weges liegenblieben, den der Teufel beschritt. Die Last wurde immer leichter, sodass der Teufel schnell und schneller vorankam. Gleichzeitig wurde das Loch in seinem Sack groß und größer bis er schließlich in der Nähe von Klusenstein der Länge nach aufriss und alle noch verbliebenen Steine gleichzeitig herausfielen. Den Ort, an dem das geschah, nannte man später Felsenmeer …

Viele Orte können eine Geschichte erzählen – ob über ihre Entstehung, über Ereignisse, die sich dort zugetragen haben oder aber auch über Grabstätten, die sie beherbergen.

Goldemars Grab

In der Nähe von Münster, zwischen Hiltrup, Albersloh und Rinkerode, befindet sich das große Waldgebiet Hohe Ward. Dort gibt es viele Orte, die eine Geschichte erzählen können. Noch heute wird an Lagerfeuern oder am Kamin beispielsweise vom Heidenkönig Goldemar erzählt, den manch einer auch für einen Elfenkönig hielt. Der Sage nach liegt er in der Hohen Ward begraben.

Die Sage erzählt, dass an jener Stelle, an der sich das Grab von Goldemar befindet, schon in heidnischer Zeit eine Stätte war, an der die Vorfahren ihre Götter verehrten und ihre Verstorbenen bestatteten. An diesem Platz, der von etlichen kleineren Hügeln umgeben ist, liegt auch der Heidenkönig Goldemar begraben. Niemand weiß, woher er kam oder was seine Geschichte ist. Aber man erzählt sich, er liege in einem goldenen Sarg, der wiederum von einem eisernen Sarg umschlossen ist.

Eines Tages – es begann bereits dunkel zu werden – befand sich ein Pilzsammler unweit von Goldemars Grab, als sich mit einem Mal eine grauweiße Wolke auf ihn zubewegte. Zunächst hielt er sie für eine Nebelwand, doch die Wolke formte sich zu einer nebulösen Gestalt, auf deren Haupt eine goldene Krone glühte. Der

Pilzsammler, normalerweise wenig furchtsam, ergriff eilig die Flucht.

Es wird außerdem berichtet, dass Wanderer, die am Karfreitag die Grabstätte Goldemars passieren, ein klägliches Jammern hören, das tief aus der Erde zu kommen scheint. In finsteren und stürmischen Nächten sollen es auch Klopflaute und Geschrei sein, die dort zu vernehmen sind.

Wie gut, dass Goldemar und sein Sarg tief in der Erde vergraben sind. Doch was, wenn mit einem Mal – plötzlich und unvermittelt – ein Sarg in der heimischen Küche steht?

Sarg in der Küche

Als Spökenkieker werden Menschen bezeichnet, denen man die Gabe des zweiten Gesichts, insbesondere der Vorhersage von Todesfällen, zuschreibt. Schenkt man der nachfolgenden Sage Glauben, so war auch der Sohn einer Bauersfamilie unweit von Horstmar ein Spökenkieker.

Krankheitsbedingt musste der Sohn des Öfteren nachts aufstehen. Dabei stieß er eines Nachts in der Küche auf eine Leiche, die dort in einem Sarg aufgebahrt stand. Da er wissen wollte, um wen es sich bei dem Toten handelte, schnitt er ihm ein wenig Haar ab und legte dies in die Kofferlade. Um niemanden zu beunruhigen oder zu erschrecken, erzählte er keinem von seinem nächtlichen Erlebnis, sondern ging anschließend direkt wieder zu Bett.

Am nächsten Morgen war es dann der Bauerssohn selbst, der fürchterlich erschrak, als er in den Spiegel sah, denn er hatte sein eigenes Haar abgeschnitten! Zum Glück schien dies jedoch kein böses Omen zu sein, denn er verstarb nicht, sondern wurde stattdessen wieder vollkommen gesund.

Die Jahre vergingen und der Bauerssohn hatte inzwischen eine Stelle als Verwalter auf einem Gut bei Altenberge angenommen, als er eines Tages erneut erkrankte. Seine Familie war in großer Sorge und bestand daher darauf, ihn daheim gesund zu pflegen. Dies lehnte der Sohn vehement ab, bis er sich doch dazu überreden ließ.

Das Ende der Geschichte ist bereits bekannt – bis hin zum in der Küche aufgebahrten Leichnam …

Es bleibt zu hoffen, dass der Bauerssohn die ewige Ruhe finden und nicht wie beispielsweise der Krämer in der folgenden Sage wiederkehren musste.

Der Krämer in Thürs Busch

Seit jeher gibt es Menschen, die sich daran erfreuen, andere zu übervorteilen. Ein gutes Beispiel hierfür ist ein Krämer, der einst in Münster am Drubbel seinen Laden hatte. Er handelte mit allem, was ihm einen Gewinn einbrachte. Seine Geschäftstüchtigkeit war überall bekannt, aber sein Reichtum beruhte auch auf unredlichen Methoden: Er betrog seine Käufer beispielsweise beim Abmessen des Leinens und benutzte falsche Gewichte – von nichts kommt eben auch nichts.

Nach dem Tod des Krämers erbte seine Frau das Geschäft. Sie wunderte sich sehr, als eines Tages die Elle zum Abmessen des Leinens, die Waage und auch das Leinen fehlten. Was war geschehen?

Nachdem der Kaufmann gestorben war, musste er, wie alle Verstorbenen, vor den Teufel treten. Dieser legte die zu Lebzeiten begangenen Sünden des Verstorbenen auf die linke Seite der Lebenswaage. Für seine guten Taten war eigentlich die rechte Seite der Waage vorgesehen, doch gab es einfach nichts, um es dort abzulegen.

Ehe es sich der Sünder versah, drückte ihm der Teufel daher die Elle in die Hand, setzte ihm die Waage aufs Haupt und schnallte ihm alles Leinen, das er finden konnte, auf den krummen Rücken. Er befahl dem Krämer, ab sofort auf ewige Wanderschaft in Thürs Busch zu gehen.

Was für ein Los! Wenn dem Krämer die Elle auf die Finger drückte, der Kopf von der schweren Waage schmerzte und ihm das Leinen schwer auf dem Rücken lastete, hörten nächtliche Wanderer ihn verzweifelt rufen: »*Korte Ehle! Small Laken! Licht Gewicht! Hu hu!*« (»*Kurze Elle, schmales Leinen, leichtes Gewicht! Hu hu!*«)

So manchem schwante dann, dass die zu Lebzeiten auf Erden begangenen Sünden nach dem Tod zu einer ewigen Last werden können. Der Krämer kann lediglich darauf hoffen, dass ihm irgendwann ein anderer begegnet, der schwerer gesündigt hat als er selbst, denn dann dürfte er diesem die Elle, die Waage und das Leinen aufbürden und wäre selbst erlöst.

Sagen von betrügerischen Händlern werden viele erzählt, so auch die vom Widasmörken.

Das Widasmörken

Die Wida ist ein Gelände bei Borghorst, in dem Weide und Busch miteinander abwechseln. Man sagt, hier spukte einst das Widasmörken.

Das Widasmörken war eine Händlerin, die von Hof zu Hof ging und den Bauersleuten allerlei Kleinwaren verkaufte. Dabei war sie jedoch nicht ehrlich, sondern betrog ihre Kunden beim Abwiegen und Ausmessen der Ware. Als Strafe für ihre Unehrlichkeit war das Widasmörken dazu verdammt, in der Wida zu spuken.

Fremde warnte man gar vor ihm und verlief sich jemand in der Wida, so gab man dafür stets dem Widasmörken die Schuld.

Des Nachts konnte man das Widasmörken rufen hören und nicht wenige waren sich sicher, es zudem auch gesehen zu haben. War dies der Fall, so schlug man schnell ein Kreuzzeichen, denn groß war die Furcht, das Widasmörken könnte Gewalt über einen bekommen.

Zu den Spukgestalten, die die Menschen erschrecken, zählen neben betrügerischen Kaufleuten und Händlern auch Landvermesser, die für ihre Unehrlichkeit über den Tod hinaus Buße tun müssen – der Himmel vergisst nie!

Die Landmesser

Die Galgenheide im Südwesten Münsters hat ihren Namen nicht ohne Grund. Er zeugt davon, dass sich hier vor langer Zeit einmal eine Richtstätte befunden hat. An dieser Stelle stand einst ein Galgenbaum, an dem hin und wieder Verbrecher aufgehängt wurden. Zur Abschreckung und Mahnung wurden ihre Leichname lange Zeit hängen gelassen und manch einer ängstigte sich besonders abends dort vorbeizugehen.

Über solch gruselige Orte werden viele unheimliche Geschichten erzählt. Etliche wollen in der Gegend der Galgenheide zur Nachtzeit feurige Streifen auf der Erde gesehen haben. Sind sie der Fantasie entsprungen oder steckt etwas dahinter?

Vor langer, langer Zeit gab es einen Streit zwischen zwei Bauern bezüglich des Grenzverlaufs ihrer Anwesen. Jeder beharrte auf seinem Recht, sodass die Auseinandersetzungen kein Ende nahmen. Schließlich kam die Sache vor Gericht und der Richter sah keine andere Möglichkeit, als die Grundstücke neu vermessen zu lassen. Zwei Landmesser sollten sich dieser Aufgabe annehmen.

Nun liegt es in der Natur mancher Menschen, sich Vorteile zu ihren Gunsten zu verschaffen. Listig lud einer der beiden Bauern daher die Landmesser zum Essen auf seinen Hof ein. Er bewirtete sie vorzüglich mit allem, was die Küche hergab. Auch Bier und Wein flossen reichlich. Dann bestach er die beiden, die Grundstücksgrenze zu seinen Gunsten zu verlegen.

Die Landmesser zögerten zunächst, aber als der Bauer ihnen als Dank für ihre Tätigkeit einen größeren Geldbetrag versprach, erklärten sie sich doch bereit, die Grenze zwischen beiden Grundstücken zu seinen Gunsten zu vermessen. Danach sollte alles nochmal vor Gericht bestätigt werden. Der Richter konnte nicht anders, er musste den Aussagen der Landmesser glauben, zumal sie diese mit einem – falschen – Eid bekräftigten. Nun waren die Messungen amtlich und niemand konnte daran rütteln.

Der schlitzohrige Landwirt freute sich und gab den Landmessern ihren versprochenen Lohn. Leider hatten die beiden nicht viel davon, denn sie starben bald darauf eines unnatürlichen Todes. Sie mussten für ihre Falschvermessungen schrecklich büßen. In manchen Nächten will man sie gesehen haben, wie sie mit glühenden Ketten immer wieder den Boden ausmaßen. Dabei sollen sie fürchterlich geschrien haben.

Sagen von unehrlichen Grenzsteinsetzern gibt es einige. Unlautere Praktiken bei der

Landvermessung waren in früheren Zeiten wohl üblich. Allerdings blieben, wie man hört, diese Taten nicht ohne Folgen. Menschen können betrogen werden, der Himmel vergisst dies jedoch nicht. Die Strafe dauert manchmal ewiglich. Etliche dieser Betrüger sah man mit dem schweren Grenzstein auf dem Rücken durch die Nacht spuken. *»Wo sall icken laoten, wo mott icken laoten?«* (*»Wo soll ich ihn lassen, wo muss ich ihn lassen?«*) klagten sie. Wenn dann jemand mutig war und antwortete: *»Wo du'n krieggen heß.«* (*»Wo du ihn gekriegt hast.«*), konnte es geschehen, dass der Stein auf die richtige Stelle flog und der arme Geist erlöst war.

Auf Erlösung hoffte auch die Bauersfrau in der folgenden Sage, die nach ihrem Tod ebenfalls keine Ruhe fand.

Die Wiedergängerin

In Hollich, einer Bauernschaft in Burgsteinfurt, musste der Sage nach eine tote Bauersfrau wiedergehen. Und so trat sie beispielsweise abends, wenn ihre Kinder die Kühe von der Weide holten oder sie sich des Abends anderweitig draußen aufhielten, diesen entgegen.

Die Kinder berichteten ihrem Vater stets von diesen ungewöhnlichen Erscheinungen, der den Pastor aufsuchte und ihn um Rat bat. Auf Anraten des Pastors fragte der Bauer den Geist seiner verstorbenen Frau bei der nächstmöglichen Gelegenheit nach dessen Ansinnen. Der Geist antwortete, sie habe einst versprochen, eine Wallfahrt nach Telgte zu unternehmen. Dieses Versprechen habe sie aber gebrochen und sei statt zur Andacht zum Tanz gegangen. Den Bauern bat der Geist seiner verstorbenen Frau nun an ihrer statt das Versprechen doch noch einzulösen. Sobald er das getan und damit das Unrecht wiedergut gemacht hatte, konnte die Seele seiner toten Frau zur Ruhe kommen.

Während in dieser Sage der Geist den Kindern in der Nähe ihres Zuhauses entgegentrat, bestand die Gefahr dem Vennmütterchen zu begegnen, zum Glück nur im Emsdettener Venn.

Das Vennmütterchen

Das Vennmütterchen war ein altes, hutzeliges Weib, das im Emsdettener Venn herumspukte und vor dem sich die Kinder angesichts der gruseligen Geschichten, die ihnen die Älteren regelmäßig am Herdfeuer über das Vennmütterchen erzählten, fürchteten. Es hieß, dass das Vennmütterchen spinnenwebenartige Netze zwischen den Moorpflanzen webe, mit denen es versuche, kleine Kinder, die sich im Moor verirrten, einzufangen. Diese Netze nennt man übrigens »Viennmöerkens Schleier«, da sie im Morgennebel den Anschein erwecken, ein großer Schleier sei über dem Moor ausgebreitet worden.

Aus Angst vor dem Vennmütterchen hüteten sich die Kinder stets davor, dem Venn nach Einbruch der Dunkelheit einen Besuch abzustatten.

Manche Orte, wie beispielsweise das Emsdettener Venn, scheinen wie gemacht für sagenhafte Spukgestalten und so trieb hier nicht nur das Vennmütterchen sein Unwesen …

Das Hohomänneken

Im Emsdettener Venn spukte in früheren Zeiten auch das Hohomänneken. Dieses trieb nur allzu gern Schabernack mit den Torfstechern und verdankte seinen Namen seinen »Hoho«-Rufen.

Diese »Hoho«-Rufe hörte eines Tages auch ein Kötter aus Westum bei Emsdetten, während er gerade mit seiner Schubkarre Torf aus dem Venn holte. *»Kumm män to, wann wat wuß!«* (*»Komm man her, wenn du was willst!«*), antwortete der Kötter dem Hohomänneken. Und tatsächlich kamen die »Hoho«-Rufe immer näher und ehe es sich der Kötter versah, saß das Hohomänneken mit einem Mal auf seiner Schubkarre.

Von dort ließ es sich egal, was der Kötter auch versuchte, nicht mehr vertreiben, sodass er die Schubkarre samt des Hohomännekens nach Hause fuhr. Dabei wurde die Schubkarre schwer und immer schwerer.

Der Kötter war froh, als er endlich vollkommen erschöpft seinen Hof erreichte. Doch auch von dort wollte sich das Hohomänneken nicht vertreiben lassen. Es war letzten Endes ein Pater aus Emsdetten, dem es schließlich gelang, das Hohomänneken vom Hof des Kötters zu verdammen.

Übrigens wird an anderer Stelle auch erwähnt, dass das Hohomänneken nicht nur Schabernack trieb. Es sagte nämlich angeblich auch das Wetter voraus. Denn hörte man seine »Hoho«-Rufe, konnte man sich darauf einstellen, dass das Wetter schlecht wurde.

Diese Sage lehrt uns, dass es nicht unbedingt ratsam ist, alles und jeden anzusprechen. Insbesondere nicht des Nachts, denn das kann zuweilen Unerwartetes und auch Unangenehmes nach sich ziehen.

Der Spukhund

Ein Bauer aus Wellbergen machte sich einst im Dunkeln vom Venn aus auf den Heimweg. Er befand sich bereits in der Nähe seines Hofes, als er hinter sich ein Geräusch vernahm, von dem er annahm, es sei das Husten eines alten Mannes, erschöpft vom langen Laufen.

Der Bauer bot dem alten Mann an, sich auf den Wagen zu setzen, was dieser auch sogleich tat. Doch als der Bauer daheim seinen Gast im Licht sah, erschrak er zutiefst, denn statt eines alten Mannes hatte er einen schwarzen Hund mit zu sich genommen, der sich nun nicht dazu bewegen ließ, den Hof wieder zu verlassen.

Erst einem Pater gelang schließlich, was der Bauer erfolglos versucht hatte. Da jedoch der Bauer den Geist mit zu sich auf den Hof genommen hatte, gelang es auch dem Pater nicht, den Hund ganz vom Hof zu verbannen. Und so nähert sich der Spukhund alle sieben Jahre dem Hof des Bauern um einen Hahnenschritt und wird er das Haus eines Tages erreichen, so fällt dieses der Sage nach zusammen.

So wird der Spukhund wohl nie ganz von dem Bauern ablassen. Doch selbst eine nur kurze, unvermittelte Begegnung mit einem Geisterhund kann, wie die nächste Sage zeigt, böse Folgen nach sich ziehen.

Der Geisterhund

Einst machte sich ein Mann treu begleitet von seinem Jagdhund auf den Heimweg zurück nach Mesum. Es war bereits Nacht, als ihn sein Weg durch den Albrock führte.

Als der Mann und sein Jagdhund durch den Albrock kamen, sprang mit einem Mal aus dem dunklen Tannenbusch der »swatte Rüen« (schwarze Hund) auf den Mann zu. Und so plötzlich, wie der schwarze Hund aufgetaucht war, war im selben Augenblick der Jagdhund des Mannes verschwunden. An seiner statt lief nun der schwarze Hund neben dem Mann her, bis kurz vor Mesum wieder sein eigener Hund an seiner Seite war.

Dem Mann wurde von all dem ganz elendig, sodass er sich nur mit Mühe auf den Beinen halten und weitergehen konnte. Er erholte sich auch nicht wieder und hat entsprechend früh sterben müssen.

Während dieser Geisterhund ganz plötzlich und unerwartet auftauchte, erzählt man sich in Emsdetten die Sage von einem anderen, nicht weniger beängstigenden Hund, nach dessen Erscheinen man allabendlich die Uhr stellen konnte.

Der Teinuhrshund

In längst vergangenen Tagen wagte niemand in Emsdetten des Nachts das Haus zu verlassen, denn zu groß war die Angst vor dem Teinuhrshund, der dort allabendlich gegen zehn Uhr sein Unwesen trieb. Mit pechschwarzem Fell hob sich der Teinuhrshund lediglich durch seine bösartig gelb funkelnden Augen von der Dunkelheit der Nacht ab.

Es war ein junger Bursche, der eines Tages den einsamen Entschluss fasste, Emsdetten ein für alle Mal von der nächtlichen Tyrannei des Teinuhrshundes zu befreien. Der junge Mann lieh sich zwei schnelle Pferde und einen Leiterwagen, an dem er eines der hinteren Räder entfernte. Zusammen mit den beiden Pferden und dem nun dreirädrigen Leiterwagen legte sich der Bursche dann am Abend im Schutz der Dunkelheit am Ortsrand von Emsdetten auf die Lauer.

Gegen zehn Uhr lief der Teinuhrshund am Versteck des jungen Burschen vorbei, bemerkte ihn jedoch nicht. Genau in dem Moment nutzte der Bursche die Gunst der Stunde und überrollte das Tier mit dem Leiterwagen, das, egal wie sehr es sich auch wehrte, unter dem Wagen wie ein viertes Rad festklemmte.

In schnellem Tempo fuhr der junge Bursche anschließend mit dem Leiterwagen bis in den Brook, einen dunklen, tiefen Wald weit vor den Toren Emsdettens. Dort hielt er an und befreite den völlig erschöpften Teinuhrshund aus seiner misslichen Lage unter dem Leiterwagen, auf dass er fortan in jenem Wald und nicht länger in Emsdetten sein Unwesen treiben möge.

Zurück daheim rühmte man den Mut des jungen Mannes, obgleich auch durchaus argwöhnische Stimmen laut wurden, die einen wie auch immer gearteten Pakt mit dem Teinuhrshund hinter der Befreiung der Stadt vermuteten. Und tatsächlich hielt sich der Hund daran, nur noch im Brook zu spuken, wobei er sich jedoch jedes Jahr einen Hahnentritt weit Emsdetten wieder nähern darf.

Natürlich ist ein Hahnentritt nicht groß, doch seit jenen Tagen ist viel Zeit vergangen. Außerdem ist Emsdetten mittlerweile über die damaligen Stadtmauern hinaus auch in Richtung Brook gewachsen. Es ist daher wohl nur eine Frage der Zeit, wann der Teinuhrshund wieder in Emsdetten sein Unwesen treibt ...

War es im Brook der Teinuhrshund, der dort herumspukt, ist es in der Hohen Ward, von der wir bereits gehört haben, der Heidemann. Doch muss sich wirklich jeder vor diesem geheimnisvollen Mann fürchten?

Der Heidemann

Die Hohe Ward war in alter Zeit gerade an stürmischen Abenden unheimlich, zeigte sich dann dort manchem verspäteten Wanderer ein geheimnisvoller Mann.

Sein Aussehen war furchteinflößend. Er war von riesengroßer Statur und trug einen weiten Mantel mit eisernen Schnallen auf den Schultern. An seinem Hut steckte eine große Feder. Wenn er ging, machte er große Sprünge beim

Überqueren von Bächen und Teichen. Versperrte ihm ein Baum seinen Weg, so drückte er ihn mit seinen Händen einfach zur Seite. Wer war diese Gestalt? Die Menschen sprachen nur flüsternd von ihr und nannten sie den Heidemann.

Durchquerte ein junges Mädchen bei Sonnenuntergang die Heide, dann konnte es sein, dass der Heidemann mit wehendem Umhang und schnellen Schritten auf es zukam. Aber es brauchte sich nicht vor ihm zu fürchten. Ohne ein Wort zu sagen, legte er seinen weiten Umhang um das Mädchen und drückte es fest an sich. So geleitete er es mit großen Schritten sicher durch die Hohe Ward.

Am Ende der Hohen Ward konnte es jedoch passieren, dass der Heidemann das junge Mädchen küssen wollte. Wenn es sich darauf einließ und dann schnell bestürzt nach Hause eilte, war es am anderen Morgen tot.

Glaubt man den Sagen, dann steckte die Hohe Ward in früheren Zeiten voller Gespenster und Spukgestalten. Nicht alle bekamen sie zu sehen, aber beim Durchqueren der Hohen Ward ist sicher dem einen oder anderen schon einmal ein kalter Schauer über den Rücken gelaufen.

Ein kalter Schauer ist gewiss auch dem Reiter in der nächsten Sage über den Rücken gelaufen …

Die Stimme aus dem Wasser

Eines Tages kam ein Reiter daher und wollte in der Mittagszeit sein durstiges Pferd am Ufer der Ems tränken, denn sie waren an diesem herrlichen Sommertag schon lange unterwegs. Der Reiter genoss die Ruhe, den Sonnenschein und das beruhigende Plätschern des Wassers. Nach einer Weile kam es ihm so vor, als spräche eine Stimme aus dem Nass zu ihm: *»De Tid is d'r hän, un de Mann is nich dor!«* (*»Die Zeit ist dahin, und der Mann ist nicht da!«*)

Dem Mann sträubten sich die Haare, er führte sein Pferd schnell aus dem Fluss, sprang in den Sattel und flüchtete.

Früher glaubten viele, Stimmen aus dem Wasser zu hören. Leider nahmen sie vor Angst immer sehr schnell Reißaus, sodass es nicht möglich war zu erfahren, wer da wie und warum auf seine Erlösung hoffte. Es könnte natürlich auch ein Fisch gewesen sein, der seine Stimme aus dem Wasser heraus erhob …

Der sprechende Fisch

»*Am siebten Tag sollst du ruhn*« heißt es bereits im Alten Testament. Und wenn schon der Sonntag selbst für die Ruhe bestimmt ist, dann gilt dies natürlich insbesondere auch für die Zeit während des sonntäglichen Hochamts.

Ein Kötter aus Westum machte sich allerdings nichts aus der Sonntagsruhe. Stets ging er statt zum Hochamt lieber ins Venn, um dort zu fischen. Eines Tages war ihm das Glück hold und es gelang ihm, einen besonders großen Fisch zu fangen. Erfreut und begeistert über seinen erfolgreichen Fang steckte der Kötter dem Fisch einen Stock durch die Kiemen, um ihn so über die Schulter zu schlagen und nach Hause zu bringen.

Nachdem der Kötter ein Stück des Weges gegangen war, sprach auf einmal der Fisch zu ihm: »*Wor wuß mi in braod'n, in Buotter off in*

Smaolt?« (*»Worin willst du mich braten, in Butter oder in Schmalz?«*) Der Kötter erschrak und warf den sprechenden Fisch schleunigst weit fort von sich. Gefischt hat er fortan nie wieder unter dem Hochamt …

Diese Sage lehrt uns, dass frevlerische Taten nicht ohne Folge bleiben. Eine Erfahrung, die auch drei Soldaten in der Sage »Das Hostienwunder« machen mussten.

Das Hostienwunder

In Laer wird die Geschichte eines ungläubigen Offiziers erzählt, den der Glaube der Katholiken an die heilige Kommunion verwunderte. Daher wollte er sich selbst ein Bild machen und sie entsprechend auf die Probe stellen. Aus diesem Grund bot er drei Soldaten eine große Menge Geld, damit sie während der Kommunion die Hostie nicht hinunterschluckten, sondern sie im Mund behielten und anschließend in die Wirtschaft brachten.

Dort gaben die Soldaten die Hostien in Bier, das sich sofort in Blut verwandelte. Die drei

Soldaten wurden plötzlich mit Ausnahme ihrer Fingerspitzen, mit denen sie die Hostie berührt hatten, ganz schwarz.

Die übrigen Leute erschraken zutiefst und schickten nach einem Pater. Dieser sagte, dass die drei Soldaten von nun an ewig fortleben müssten. Essen brauche man ihnen jedoch nicht zu geben. Sie sollten lediglich eingemauert werden. Und so zog man in einer Ecke des Zimmers eine Wand hoch, hinter der die frevlerischen Soldaten der Sage nach noch heute sitzen.

Sagen über Hexen und Zauberer

Die reitende Hexe

Hexen reiten auf Besenstielen? Nicht unbedingt, wie eine Sage aus Haddorf bei Wettringen zeigt.

Hier gab es einst einen Bauern, der seine Pferde des Nachts lieber auf der Weide ließ, anstatt sie in den Stall zu bringen, da er auf diese Weise Heufutter sparen wollte. Dies erwies sich jedoch als großer Fehler, denn jeden Morgen fand er seine Tiere völlig verschwitzt und mit geflochtenen Mähnen auf der Weide vor. Zudem hatten sie nichts gefressen und waren deshalb des Tags nicht in der Lage zu arbeiten. Da sich dies Nacht für Nacht wiederholte, wurde der Bauer zunehmend verdrießlich. Er beschloss daher zu ergründen, was in der Nacht auf der Weide vor sich ging.

So versteckte er sich als es dunkel wurde in einer dichten Hecke, von wo aus er die Weide und seine Pferde gut im Blick hatte. Zunächst geschah nichts Ungewöhnliches, doch kaum hatte es Mitternacht geschlagen, vernahm er mit einem Mal ein Sausen in der Luft. Der Bauer sah sich aus seinem Versteck heraus vorsichtig um und entdeckte plötzlich eine Frau, die auf einem Sieb herbeiflog. Nachdem sie das runde Ding in die Hecke, in der sich der Bauer versteckt hielt, gesetzt hatte, schwang sie sich auf eines der Pferde. Wie toll ritt sie kreuz und quer über die Weide. Als der Bauer dies sah, rief er wütend: »*Ich werd' dir helfen!*«

Er kroch aus der Hecke und nahm das Sieb an sich. Damit hatte die Hexe nicht gerechnet. Sie eilte zum Bauern und bat ihn darum, ihr das Sieb wiederzugeben, da sie sonst unglücklich werden würde. Außerdem müsse sie bereits um vier Uhr morgens in Amsterdam sein, um dort Kühe zu melken. Der Bauer zögerte zunächst ihr das Sieb wiederzugeben, doch ihr Versprechen, nie wieder seine Pferde zu belästigen, stimmte ihn schließlich um. Die Hexe schwang sich glücklich in das Sieb und flog davon.

Das Versprechen, das sie dem Bauern gegeben hatte, hielt sie, und so passierte den Pferden nachts auf der Weide nichts mehr.

Des Nachts von einer Hexe verschont zu bleiben, darauf hoffte einst auch ein Mädchen aus Laer.

Die Hexe in Laer

Es heißt, dass Hexen die Fähigkeit besaßen, selbst durch allerkleinste Löcher in der Hauswand schlüpfen zu können. In Laer ist laut einer Sage genau dies passiert:

Hier gab es einmal ein Mädchen, das hatte es an den Nerven. Man vermutete, die Ursache hierfür könne das Zutun einer Hexe sein, wovon übrigens auch das Mädchen selbst überzeugt war.

Auf dass die Hexe seiner nicht mehr habhaft werde, stopfte das Mädchen eines Tages mühevoll alle Löcher in den Hauswänden zu, die es finden konnte. Es scheint jedoch, dass es trotz größter Sorgfalt ein kleines Loch neben seiner Schlafzimmertür übersehen hatte. Doch gerade dieses Loch reichte der Hexe aus, um in der Nacht darauf in das Zimmer des Mädchens einzudringen. Dieses hatte einmal mehr einen unruhigen Schlaf und als sie aus einem Albtraum aufschreckte, stellte sie fest, dass seine eigene Mutter die Hexe war. Diese musste Menschen plagen, wobei sie selbst vor ihrem eigenen Kind nicht haltmachte.

Doch natürlich plagten Hexen nicht nur ihre eigenen Kinder …

Die Brochterbecker Hexe und das kleine Kind

Heute ist in Brochterbeck die Welt in Ordnung. Aber vor langer Zeit trieb dort eine Hexe ihr Unwesen.

Die Hexe in Brochterbeck hatte es besonders auf Kinder abgesehen. Wenn auch nur irgendeine unbekannte Frau auf ein Kind zuging oder es zu lange betrachtete, tat die Mutter gut daran, das Kleine schleunigst an die Seite zu nehmen. Ein böser Blick der Hexe reichte schon aus, um dem Kind die Gesundheit zu nehmen.

Eines Tages betrat die Hexe ein fremdes Haus und sah dort in der Stube – für einen Moment unbeaufsichtigt von den Eltern – eine Wiege mit einem Kind darin stehen. Die Hexe warf ihren Blick auf das Kind, das sie ganz unbedarft aufmerksam anschaute, nahm es aus der Wiege heraus und legte es an ihre Brust. Da fing das Kleine an zu schreien und schrie und schrie und schrie … Es konnte gar nicht mehr aufhören.

Nun konnten wahrscheinlich nur noch Gebete dem Kind helfen, oder?

Die Brochterbecker Hexe und der Händler

Ein Händler kehrte einst bei der Brochterbecker Hexe ein, doch wusste er nicht, wer sie war. Die Hexe war freundlich, kaufte jedoch nichts.

Auf seinem Weg zum nächsten Haus wog mit einem Mal die Kiepe auf dem Rücken des Händlers so schwer, dass er sie kaum mehr tragen konnte. Da erkannte er, wem er zuvor hatte seine Waren verkaufen wollen. Verärgert fing der Händler kräftig an zu fluchen. Daraufhin wurde – er glaubte es kaum – die Last auf seinem Rücken leichter und leichter. Offenkundig halfen also neben Gebeten auch Flüche gegen Hexen, was der Händler auf diese Weise herausgefunden hatte.

Dass der Umgang mit Hexen nicht gerade leicht war, das mussten einst auch zwei arme Köttersleute erfahren ...

Die Brochterbecker Hexe und die Kuh

Eines Tages war die Brochterbecker Hexe auf dem Nachhauseweg von Ibbenbüren. Auf ihrem Weg lag die kleine Kate von befreundeten armen

Köttersleuten. Sie klopfte an und trat ein. Lange hatten sie sich nicht gesehen, da gab es viel zu erzählen. Die Köttersleute hatten jedoch keine Ahnung, dass die Frau eine Hexe war.

Als die Köttersfrau ihr stolz den Kuhstall mit ihrer einzigen Kuh zeigte, bewunderte die Hexe das Tier, woraufhin die Bauersfrau ihr eifrig zustimmte.

Nach einer Weile verabschiedete sich die Hexe. Als die Kötterin später noch einmal nach der Kuh schaute, sah sie zu ihrem großen Entsetzen, dass das Tier alle Viere von sich gestreckt hatte. Wie es so dalag, sah es mehr tot als lebendig aus. Eilig lief sie zu ihrem Mann und berichtete ihm davon. Der rannte, so schnell er konnte, hinter der Hexe her und drohte ihr: *»Du kommst mir mit heilen Knochen nicht wieder aus dem Hause, wenn du mir die Kuh nicht wieder besser machst!«* Der Bauer war voller Wut, weil das Tier das einzig Wertvolle war, das er und seine Frau besaßen. Die Hexe ging zurück in den Stall und strich der Kuh mehrfach mit der Hand über das Kreuz. Da sprang das Tier auf und es war so gesund und munter wie vorher.

Wie konnte das alles bloß geschehen? Hexen sind eben anders. Die Bauersfrau hätte ihr lieber nicht zustimmen sollen, als die Hexe ihre Kuh lobte. Das war ein großer Fehler. Sie hätte das Gegenteil behaupten sollen, dann wäre nichts passiert. Aber woher sollte sie das wissen?

Der Glaube an das Verhexen des Viehs war in vielen Gegenden lange Zeit weit verbreitet. In leichten Fällen wurde das Kreuzzeichen angewandt oder es wurden Rosenkränze und Heiligenmedaillen eingesetzt, um einen Zauber zu brechen. Doch es gab auch andere Dinge, die aus der Not heraus unternommen wurden …

Die kranke Kuh

Einem Bauern in der Oster bei Ochtrup war eine wertvolle Kuh gestorben. Der Mann war verzweifelt und konnte sich nicht erklären, wie das passiert war.

Als schon bald darauf wieder ein Tier auf seinem Hof erkrankte, setzte er den Rat, den ein Mann ihm einst gegeben hatte, in die Tat um: Er schnitt das Herz des im Sterben liegenden Tieres heraus und spießte es auf einen Staken. Nun musste es in einem Wasserkessel über dem Herdfeuer gekocht werden. Sowie das Wasser kochte, klopfte es an der Tür. Der Bauer reagierte darauf nicht. Er heizte noch kräftiger ein, bis das Wasser richtig zischte und brodelte. Das Klopfen an der Tür nahm zu wie das Brodeln. Das musste so sein, denn man glaubte, dass die Hexe, die das Tier verzaubert hatte, nun hereintrat, um das Herz aus dem Kessel an sich zu reißen. Der Bauer vernahm wohl das laute Klopfen, wartete aber ab, bis es immer leiser wurde und ganz aufhörte. Erst jetzt öffnete er die Tür und schaute vorsichtig hinaus. Über seiner Hecke hing eine tote Frau. Er drehte sie um und erkannte erschreckt seine Nachbarin. Sie war es gewesen, die das Tier verhext hatte.

Verständlicherweise saß der Schock tief, wenn sich herausstellte, dass die Hexe oder der Hexenmeister jemand war, den man kannte. Davon kann auch der Bauer in der nächsten Sage ein Lied singen …

Die Schweineseuche

In Ostendorf starben einem Bauern seine Schweine eins nach dem anderen weg. Der Bauer wusste weder ein noch aus und folgte in seiner Verzweiflung dem Rat, einem Schwein die Beine abzuschlagen und diese dann an den Giebel seines Hauses zu hängen.

Tatsächlich tat der Bauer gut daran, dem Rat zu folgen, denn seine Schweine wurden alle wieder gesund. Doch als der Sohn des Bauern nicht mehr laufen konnte, musste der Bauer in ihm den Hexenmeister erkennen.

Mit einem Hexenmeister unter einem Dach zu wohnen, kann – wie in dieser Sage – schlimme Folgen haben. Doch auch das unfreiwillige Zusammenleben mit Getier kann das Leben zur Qual machen.

Die Läuseplage

Unliebsame Begleiter der Menschen sind seit jeher die Läuse. Wo eine von ihnen auftaucht, sind mit Sicherheit noch mehr. Nicht immer war und ist mangelnde Hygiene die Ursache für ihr Dasein.

Die Sage erzählt von einer Frau aus Emsdetten, die die kleinen Plagegeister trotz ständiger Wäsche einfach nicht loswurde. Notgedrungen kaufte sie ständig neue Kleidungsstücke, in denen es sehr schnell wieder von Läusen nur so wimmelte. Sie war verzweifelt, so konnte es doch nicht weitergehen! In ihrer Not wandte sie sich an den Pfarrer des Ortes. Ob er ihr helfen konnte? Und ob! Der Geistliche gab ihr den folgenden Rat: Falls sich jemand von ihr etwas leihen wolle, zum Beispiel eine Karre, einen Kübel für das Vieh oder sonst irgendetwas, dann solle sie ihm dies nicht geben, sondern ein Schnapsglas mit Läusen, die sie vorher einem ihrer Kinder abgesammelt hatte. Sie tat, was der Pfarrer ihr gesagt hatte, und das Ungeziefer war und blieb verschwunden.

Wieder einmal hatte es sich gezeigt, dass man fremden Personen nichts leihen sollte, damit sie keine Macht über Haus und Familie bekamen.

Glücklicherweise wusste der Geistliche Rat, sodass die Familie fortan von der Läuseplage verschont blieb. Ohnehin empfiehlt es sich bei Plagen im Zweifelsfalle den Rat eines Geistlichen einzuholen …

Mäuse ohne Schwänze

Vor langer Zeit wurde in Neuenkirchen der Nachlass eines verstorbenen Pfarrers verkauft. Unter seinen irdischen Besitztümern befanden sich unter anderem auch zahlreiche Bücher. Eines dieser Bücher wechselte in den Besitz eines Bauern. Eines Tages fiel ebendieses Buch in die Hände des Bauernsohnes, der viel und gerne las. Nach getaner Arbeit zog er sich in seine Kammer zurück und begann in dem Buch zu lesen. Kaum hatte er sich in die fremde Schrift vertieft, da war mit einem Mal die ganze Stube voll von Mäusen.

Der Bauer, der sich in seiner Not nicht zu helfen wusste, und der ein ungutes Gefühl angesichts der plötzlichen Mäuseplage hatte, eilte zum neuen Pfarrer. Diesem erzählte er aufgeregt, was bei ihm Zuhause vorgefallen war. Als der Bauer erwähnte, sein Sohn habe in dem Buch gelesen, fragte der Pfarrer nach, ob die Mäuse denn Schwänze hätten. Sei dies der Fall, brauche der Bauer nicht wiederzukommen. Hätten sie allerdings keine Schwänze, müsse der Bauer dem Pfarrer dies unbedingt mitteilen.

Der Bauer ging zurück auf seinen Hof und stellte zu seiner Überraschung fest, dass den Mäusen tatsächlich die Schwänze fehlten. Als er dies dem Pfarrer berichtete, wusste er sogleich, was zu tun war. Er begleitete den Bauern auf den Hof und nahm das Buch, das dieser aus dem Nachlass des verstorbenen Pfarrers gekauft hatte, mit. Die Mäuseplage hatte direkt ein Ende, denn das Buch war ein verbotenes, ja ein Zauberbuch, gewesen.

Auch wenn es noch so verlockend ist – nicht jedes Buch sollte also gelesen werden. Es sei denn, man weiß mit den Folgen umzugehen …

Das verbotene Buch

Zwar waren es keine Mäuse, dafür aber Krähen, von denen es plötzlich im Haus eines anderen Bauern in Ochtrup nur so wimmelte. Schuld daran war eine Magd, die in einem verbotenen Buch gelesen hatte. Wie gut, dass der Bauer sich in diesem Fall schnell selbst zu helfen wusste indem er das Buch rückwärts las!

Wenn ungewöhnliche oder unerklärliche Dinge passieren, dann ist nicht selten Zauber- oder Hexerei im Spiel. Wie ließe sich wohl auch sonst erklären, was der Sage nach eine Frau beim Ausspionieren ihrer Nachbarin herausfand …

Die Butterhexe

In Metelen wohnte einst eine Frau, die, obwohl sie lediglich zwei Kühe im Stall hatte, stets auffallend viel Butter verkaufte. Dies sorgte für große Verwunderung bei ihren Nachbarn, denen das Ganze merkwürdig vorkam. Sie vermuteten, dass hier etwas nicht mit rechten Dingen zugehen könne. Allerdings trauten sie sich nicht recht, Licht ins Dunkel zu bringen.

Eines Tages siegte jedoch bei einer Nachbarsfrau die Neugier über ihre Furcht und so schlich sie sich auf leisen Sohlen ans Küchenfenster ihrer Nachbarin, um einen Blick hindurch zu werfen. Das, was sie dort sah, erstaunte sie sehr, denn das Butterfass butterte tatsächlich von ganz alleine vor sich hin! Wie konnte das nur sein? Da weit und breit niemand zu sehen war, stahl sich die Frau vorsichtig in das Haus, um der Sache auf den Grund zu gehen. In der Küche besah sie sich das Butterfass von allen Seiten, konnte aber zunächst nichts entdecken. Das änderte sich jedoch, als sie einen Blick unter das Fass warf. Dort fand sie einen Zettel, den sie an sich nahm und anschließend das unheimliche Haus schnell wieder verließ.

Am Abend bekam die Frau Besuch von ihrer Nachbarin, in deren Haus sie unerlaubt eingedrungen war. Die Nachbarin forderte den Zettel zurück. Zunächst bekam sie ihn nicht, doch als sie ihn immer vehementer forderte, bekam es die andere Frau mit der Angst zu tun und gab den Zettel zurück.

In einer anderen Fassung dieser Sage gestaltet sich das Ende übrigens ein wenig anders: Auch hier wurde der Butterhexe der seltsame Zettel weggenommen. Sie erhielt ihn allerdings nicht zurück, sondern er wurde verbrannt. Immerhin konnte die Butterhexe selbst diesem Schicksal – der Hexenverbrennung – entgehen.

Und während in dieser Sage keine Hexe zu Schaden gekommen ist, verhält es sich in der folgenden Sage, die man sich in Hollich erzählt, ein wenig anders.

Der Festbanner

Einst musste ein Fuhrmann aus Hollich feststellen, dass Hexen und Hexer auch die Gabe besaßen, festzubannen: Als er auf einen Hof fuhr, waren dort vier Männer mit Dreschen beschäftigt. Da fuhr mit einem Mal der Wagen des Fuhrmanns weder vor noch zurück. Es musste ihn einer der vier Männer festgebannt haben, was jedoch keiner der vier zugeben wollte. So nahm der Fuhrmann dann eine Hacke und schlug mit voller Kraft gegen den Deichselkopf. Der Wagen war wieder frei, allerdings war in dem Moment, in dem die Hacke den Deichselkopf traf, einer der Drescher tot umgefallen.

Wurde hier nur der Wagen des Fuhrmanns festgebannt, war es in der nächsten Sage der Fahrer selbst, der gebannt wurde.

Ein Student als Festbanner

Es war an einem Muttergottesfeiertag, als einst ein Bauer in der Nähe von Rheine damit beschäftigt war, Plaggen auf seinen Wagen zu laden, die er zuvor gestochen hatte. Er wollte schnell fertig werden und bemerkte die drei Studenten nicht, die unterwegs zum nächsten Marktflecken waren. Einer der jungen Männer war mit der Kunst des Festbannens vertraut, was er seinen Kameraden anhand des Bauern vorführte.

Die Verblüffung war groß, als sie sahen, dass der Bauer von einem Nu auf den anderen völlig unbeweglich mit der Gabel in der Hand vor seinem Wagen stand.

Einem der jungen Männer sträubten sich die Haare. Er fand das Ganze unheimlich und sagte: *»Ik gaoh wegg van di, du kaas hexen.«* (*»Ich gehe weg von dir, du kannst hexen.«*) Dann entfernte er sich sehr schnell. Die beiden anderen machten sich auch langsam auf den Weg in den Ort. Nach einer Weile erlöste der junge Mann den Bauern, den er zuvor festgebannt hatte. Daraufhin konnten seine Kameraden aus der Ferne beobachten, dass der Bauer seine Pferde nahm und nach Hause fuhr.

Die Frau des Bauern war zutiefst erschrocken darüber, wie ihr Mann aussah. Elend und blass berichtete er ihr, dass er auch nicht genau wusste, was los war. Er glaubte, dass ihn eine alte Hexe beim Plaggenfahren gebannt hatte. Dann legte er sich zwei Tage ins Bett, um sich zu erholen. Als es ihm besser ging, sprach er zu seiner Frau, dass er nie wieder an einem Muttergottesfeiertag Plaggen stechen würde.

Auch wenn der Bauer nicht aufgrund seines Frevels festgebannt worden war, sah er dieses für ihn prägende Erlebnis dennoch als Weckruf. Ein wohl nicht minder prägendes und gleichzeitig beängstigendes Erlebnis hatte auch ein anderer Bauer, dessen Knecht es verstand zu hexen.

Der hexende Student

Aus der Gegend von Rheine hört man von einem Studenten, der eigentlich geplant hatte, Pater zu werden. Doch obwohl er insgesamt sieben Schulen besuchte, gelang ihm dies nicht, da er die Prüfung einfach nicht bestand. Ohne Abschluss und Geld – sein früheres Vermögen hatte der Student während seines Studiums vollständig aufgebraucht – sah er sich nach einer Möglichkeit um, seinen Lebensunterhalt zu verdienen.

Es kam, dass er sich als Knecht bei einem Bauern in Altenrheine verdingte, obgleich ihm diese Tätigkeit wenig zusagte. Die Arbeit auf dem Hof war für ihn überaus ungewohnt, entsprach sie doch so gar nicht seinen bisherigen Erfahrungen.

Als das Jahr fast herum war, erfuhr der Student von dem Bauern, bei dem er arbeitete, dass dieser ihn nicht länger beschäftigen konnte. Noch dazu sollte der Student nicht seinen vollen

Lohn erhalten, da er weder in der Lage war zu säen noch zu mähen. Als er dies erfuhr, reagierte der Student natürlich überaus ungehalten, doch der Bauer ließ sich nicht umstimmen. Daraufhin dachte der Student bei sich, dass er es dem Bauern schon zeigen werde.

Als ein paar Tage vergangen waren, saßen der Bauer, seine Familie und das Gesinde des Mittags gemeinsam in der Tenne beim Essen – einzig und allein der Student fehlte. Er hatte sich – nicht ohne Hintergedanken – in seine Kammer zurückgezogen. Und während alle anderen sich das Mittagessen schmecken ließen und ihre wohlverdiente Pause genossen, geschah mit einem Mal etwas sehr Seltsames: Sämtliche Kühe und Kälber liefen aus ihrem Stall schnurstracks zur Tenne. Und als wäre das nicht schon ungewöhnlich genug gewesen, gebärdeten sie sich höchst seltsam, indem sie zu tanzen begannen. Ohne Unterlass tanzten sie einen Reigen, zu dem der Bulle oben auf der Kaffmühle stehend schrie, brüllte und mit den Vorderbeinen trommelnd den Takt zu diesem Tanz vorgab. Zunächst sahen sich die Bauersfamilie und das

Gesinde das ungewöhnliche Treiben verwundert an, doch als die Tiere sich ihnen immer weiter näherten, war ihnen die gesamte Situation mit einem Mal nicht mehr ganz geheuer.

Da fiel dem Bauern plötzlich auf, dass der Student als einziger nicht zugegen war. Die Bauersfrau riet ihrem Mann, schnell zu ihm zu gehen und den vollen Lohn samt eines Bonus auszuzahlen, vermutete sie zu Recht, dass der Student nicht ganz unschuldig an dem tierischen Treiben war. Daraufhin zahlte der Bauer dem Studenten nicht nur seinen vollen Lohn aus, sondern legte noch ein Extra von 20 Mark obendrauf, denn der Bauersfamilie und dem Gesinde hatte die ganze Situation einen gehörigen Schrecken eingejagt!

Der Student aber packte zufrieden seine sieben Sachen und kehrte dem Hof den Rücken, während die Tiere – als sei nichts gewesen – in ihren Stall zurückkehrten.

Standen in dieser Sage die Tiere unter dem Zauber des Studenten, ist in der nächsten Sage das Tier selbst, von dem der Zauber ausgeht.

Der Borghorster Hase

In Borghorst heißt es, habe es einmal einen Hasen gegeben, dem es stets gelang, dem Jäger zu entkommen. Egal, wie oft dieser es auch versuchte, seltsamerweise vermochte kein einziger Schuss das Tier zu treffen. So beschloss der Jäger, beim nächsten Mal mit einer geweihten Kugel auf den Hasen zu zielen.

Und wie der Jäger wieder durch sein Revier streifte, kreuzte auch besagter Hase einmal mehr seinen Weg. Frech lief er dem Jäger vor der Nase her. Doch dieser war vorbereitet. Er hob seine Flinte und anders als bisher, traf der Schuss dieses Mal sicher das tierische Ziel.

Als sich der Jäger nach dem Hasen umschaute, sah er an seiner statt eine Frau des Weges laufen, deren Arm zerschossen war. Sie war eine Hexe und hatte sich immer wieder in den Hasen verwandelt, um den Jäger ein ums andere Mal zu narren.

Zuweilen braucht es Zauber, um einen anderen Zauber zu brechen – so auch in der Sage über zwei Zauberschützen.

Zwei Zauberschützen

Unweit von Münster besaß einmal ein Edelmann ein großes Waldgut. Dessen Förster wurde eines Tages erschossen im Unterholz des Waldes aufgefunden. Ein neu eingestellter Förster wurde ebenfalls erschossen und dessen zahlreiche Nachfolger ereilte einen um den anderen ein ebensolches tödliches Schicksal. Natürlich sprach sich dies wie ein Lauffeuer im gesamten Münsterland herum und man munkelte, es könne in dem Wald nicht mit rechten Dingen zugehen. Sobald ein neuer Förster seinen Dienst versehe, würde man aus der Ferne einen Schuss hören und fast im selben Augenblick fiele der Förster von einer Kugel mitten in den Kopf getroffen tot zu Boden. Dies müsse schon mit etwas Übernatürlichem einhergehen, so war man sich einig. Entsprechend fand der Edelmann niemanden mehr, der bereit war, für ihn als Förster zu arbeiten. Und so blieb der Wald über viele Jahre hinweg ohne einen Förster.

Eines Tages aber zeigte sich tatsächlich ein großer, kräftiger Mann an der Stelle des Försters interessiert. Der Edelmann hielt mit den zahlreichen Todesfällen, die mit dieser Stelle bislang einhergegangen waren, nicht hinterm Berg. Vielmehr noch riet er dem Mann in seiner Ehrlichkeit sogar fast davon ab, die Stelle anzutreten, gleichwohl er sich natürlich sehr einen Förster für sein Waldgut wünschte. Der Mann ließ sich von all dem nicht schrecken. Er verwies auf eine besondere Kugel in seinem Gewehr, die ihm im Fall der Fälle gute Dienste leisten könne.

Tags darauf trat der neue Förster seinen Dienst an. Bei seinem ersten Gang durch den Wald wurde er von einer ihm unterstellten Jagdgesellschaft begleitet. Die kleine Gruppe hatte kaum den Wald betreten, da hörten sie auch schon von weitem einen Schuss knallen. Blitzschnell warf der Förster seinen Hut in die Höhe. Und als dieser wieder auf den Boden fiel, da klaffte genau an der Stelle, wo sonst die Stirn des Försters gewesen wäre, ein Loch in der Hutkrone.

Der neue Förster griff nach seinem Gewehr. Mit den Worten »*Dem Gruß ein Gegengruß*« zielte er ruhig in den Wald hinein. Die Jagdgesellschaft hatte nicht sehen können, worauf der

Förster geschossen hatte, und so folgten sie ihm neugierig bis tief in den Wald hinein. Sie kamen an ein Mühlenhaus, aus dem lautes Wehgeschrei zu hören war. Auf dem Boden in der Stube lag der von der Gewehrkugel des Försters direkt in die Stirn getroffene Müller, dessen Tod von seiner Frau bitterlich beweint wurde.

Der Müller war also der Zauberschütze gewesen, der die anderen Förster erschossen hatte, um alleine über das Wild im Wald zu herrschen.

Der Edelmann war einerseits sehr erleichtert, als er hörte, was passiert war. Nun war dem Spuk ein Ende gesetzt! Anderseits gruselte er sich nun aber vor seinem neuen Förster, der wohl ebenfalls zauberkundig war. Als ihm nach und nach weitere seltsame Dinge über den Förster zugetragen wurden – er besäße zum Beispiel die Gabe, das Wild mit seinem Blick so zu fixieren, dass er es mühelos schießen könne – entließ der Edelmann ihn bei der nächsten Gelegenheit aus seinen Diensten.

Es heißt, dass sich ab da nichts Geheimnisvolles oder Unerklärliches mehr in dem Waldgut zugetragen habe.

Pestsagen

Die blaue Schürze

Die Pest, der sogenannte Schwarze Tod, führte im Mittelalter zu einer der verheerendsten Pandemien der Menschheitsgeschichte und tötete in Europa geschätzt 25 Millionen Menschen. Sie traf jeden, ob arm, ob reich, ob jung, ob alt.

Man erzählt sich, dass die todbringende Seuche ihre Ankunft als ein Dunst am Himmel zeigte, als eine kleine Wolke oder auch als Lappen. Mit Vorliebe fuhr sie in Pfosten, die ein Loch hatten. Wurde das Loch schnellstens geschlossen, war die Pest gefangen. Aber wehe, jemand traute sich, einmal nachzusehen, ob sie noch da drinnen war! Wer sich vor der Pest nicht in Acht nahm, war verloren und musste mit dem Tod rechnen. Viele Sagen handeln von diesem Thema:

In der Osterbauerschaft bei Ochtrup sprach man von der Pest als »blaue Schürze«, die wie eine kleine Wolke am Himmel stand. Wer sie erblickte, tat gut daran, Fenster und Türen zu schließen, damit sie nicht ins Haus kam. Trotz aller Umsicht geschah es, dass ein Bauer sah, wie die Wolke in den Pfosten eines Hauses zog. In Windeseile stopfte er das Loch. Nach sieben Jahren war er sicher, dass die Pest inzwischen tot sein müsse und öffnete daher das Loch. Darauf hatte die Pest aber nur gewartet und stürzte sich auf ihn. Er wurde sehr krank und starb bald darauf.

In Altenberge hat sich etwas Ähnliches abgespielt. Wenn die Pest als »blaue Schürze« in der Luft zu sehen war, bemühten sich alle Bewohner des Ortes, nicht darunter zu stehen, denn dann waren sie verloren. Erst wenn der schürzenartige Dunst verschwunden war, trauten sie sich wieder heraus. Eines Tages beobachtete ein Junge, wie die Pest sich in einem Pinnloch verbarg. Eilig steckte er einen Pinn in das Loch, und sie hatten für immer Ruhe vor ihr.

In Nordwalde sprachen die Menschen von der Pest als einem »blauen Lappen«, der durch die Luft geflogen kam. Wo er niederfiel, war die Pest. Bei Fraling im Dorfe soll sie in den Hauspfosten gezogen sein.

In Dumte bei Borghorst ist es der Pest auch gelungen, in den Pfosten eines Hauses einzudringen. Dort war aber in der Erde ein Loch, in das sie sich verkroch. Natürlich waren die Leute schnell dabei, dieses zu verschließen. Einhellig wurde beschlossen, dass dieses Haus niemals abgerissen werden dürfe, weil sonst die Pest zurückkäme.

Aus Westum bei Emsdetten wird Ähnliches berichtet. Einem Bauern wurde seine Neugier jedoch zum Verhängnis. Er hatte die Pest erfolgreich eingeschlossen und wollte nach einiger Zeit nur mal nachsehen. Kurz und gut, es erging ihm wie dem Bauern in Ochtrup. Die Pest ließ nicht mit sich spaßen.

Einigen Menschen in der Bauernschaft Hollich bekam ihre Neugierde ebenso schlecht, als sie schauen wollten, ob die Pest noch da war. Hier war die Pest in ein Loch in einer Kopfweide gezogen, das man sofort mit einem Pfropfen verschloss. Irgendwann siegte bei jemandem die Neugier über die Vernunft und er zog den Pfropfen heraus, um zu sehen, ob sich die Pest noch in dem Loch der Kopfweide befand. Die

Pest zog als blauer Dunst aus dem Loch heraus und durch die Türritze ins Haus, sodass die Bewohner erkrankten und starben.

Ein ungewöhnlicher Messdiener

Eine andere Sage erzählt von einem Geistlichen, der auf einem Versehgang nach Gemen unterwegs war. Er wollte die Pestkranken mit den Sterbesakramenten versehen und brauchte dazu noch einen Messdiener. Da die jedoch auch fast alle krank waren, gelang es ihm nicht, jemanden zu finden. Auf einmal lief ihm unterwegs ein Schwein hinterher. Dann sollte eben das sein Messdiener sein. Entschlossen hängte er dem Borstenvieh das Glöckchen um, damit es klingelte.

Auf Bauer Ewigmanns Hof in Gemen soll eine Bildsäule stehen, auf der ein Geistlicher von einem ein Glöckchen tragenden Schwein begleitet wird. Manche allerdings glauben, das sei der heilige Antonius. Schließlich legten die Gemener Bauern nach der Pestepedemie im Jahr 1636 das Gelübde ab, alljährlich am 17. Januar das Fest des Heiligen Antonius zu feiern.

Der Große Brand in Münster

Auch die Stadt Münster wurde von der Pest nicht verschont. Im Jahr 1382 wütete sie hier besonders schlimm. Über 8.000 Menschen fielen der Seuche hier zum Opfer.

Aber ein Jahr später, 1383, ereilte die Stadt das nächste Unglück. In einem alten Wirtshaus nahe der Servatiikirche feierte die Kürschner- und Pelzergilde ein ausgelassenes Fest. Es ging hoch her. Plötzlich, niemand wusste später, wie es genau geschah, brach – vielleicht durch die Unachtsamkeit eines Kochs – ein gewaltiger Brand aus, der große Teile der Stadt verwüstete. Da viele Häuser aus Holz gebaut waren und die Nutzung offenen Feuers ständiger Alltag war, musste eigentlich immer damit gerechnet werden. Viele Bewohner versuchten, die Glut für den nächsten Tag zu bewahren. Manchen war das Anzünden auch einfach zu lästig. Sie holten sich das Feuer vom Nachbarn und trugen es offen nach Haus. So konnte der Rote Hahn sehr schnell von Haus zu Haus springen.

Bürgerschaft und Geistlichkeit fassten nach den beiden Katastrophen – der Pest und der Feuersbrunst – den Entschluss, jährlich eine Buß- und Bittprozession abzuhalten, um von Gott auf diesem Sühnegang Schutz vor Unglück zu erbitten. Heute heißt sie »Die Große Prozession« und findet jährlich im Juli durch Münsters historische Altstadt statt.

Sagen aus Zeiten des Krieges

Das Kind auf der Schulter

Im Krieg geschehen grausame Dinge, die bar jeder Menschlichkeit sind. So erinnert man sich in Ochtrup beispielsweise an folgende Geschichte:

Ein Soldat näherte sich während des Krieges einem Bauernhof. Die Bewohner waren geflüchtet und hatten alles mitgenommen. Nur das Kind in der Wiege wurde vergessen. Der Soldat suchte überall nach etwas Brauchbaren, wurde aber nicht fündig. Da sah er das Kind in der Wiege. Es strahlte ihn unschuldig und freundlich an. So etwas war der Kriegsmann nicht mehr gewohnt. Er war aber auch fuchsteufelswild, nichts Brauchbares gefunden zu haben, und konnte es nicht ertragen und schrie: »*Wat, du wuß mi noch in't Gesicht utlachen!*« (»*Was, du willst mich noch ins Gesicht hinein auslachen!*«)

Voller Wut durchstach er das Kind mit seinem Bajonett. Er schlug es sich wie eine Trophäe über die Schulter und verließ den Hof. Bei einem Blick zurück sah er, wie ihn das Kind noch auf der Schulter anlachte. Entsetzt schleuderte er es von sich. Aber immer, wenn er sich umdrehte, verfolgte ihn das Kind mit seinem Lachen im Gesicht. Jahrelang konnte er diesen Anblick nicht vergessen. Eines Tages hielt er es nicht mehr aus und nahm sich das Leben.

Kriegsgräuel wie in dieser Sage, aber auch Erlebnisse im Zusammenhang mit fremden Truppen wurden über Generationen hinweg weitererzählt. So musste beispielsweise die Bevölkerung des Münsterlandes im Dreißigjährigen Krieg hessische Soldaten bei sich einquartieren und verpflegen.

Der Hesse im Schornstein

Die Soldaten, die bei der Bevölkerung untergebracht waren, machten es den Bewohnern nicht immer leicht. Manche stellten gar Forderungen, wie zum Beispiel einige Hessen. Sie wollten nicht nur stets das Beste vom Besten essen, sondern sie verlangten zudem auch noch Geld. Es heißt, dass sie in der Bauerschaft Westum bei Emsdetten jeden Tag sieben Stüber unter ihrem Teller erwarteten. Über dieses Verhalten waren die Hofleute verständlicherweise zutiefst erbost.

Eines Tages tauchten Verfolger auf einem Hof auf. Da bekam ein Hesse Angst und fragte den Bauern, wo er sich verstecken könne. »*Krup in'n Schuorsteen*« (»*Kriech in den Schornstein*«), riet ihm der Bauer. Das tat der Hesse dann auch. Kurz darauf stürmten die Verfolger in die gute Stube und fragten den Bauern, ob auch Hessen da seien. Der Bauer fürchtete sich, zeigte aber stumm in Richtung Schornstein. Mit den Worten »*Kumm herrunner, du Hessendeibel, ik will die giewwen die siewwen Stüwer!*« (»*Komm herunter, du Hessenteufel, ich will dir die sieben*

Stüber geben!«) fiel auch gleich der erste Schuss in den Schornstein und holte den Hessen heraus.

Auch in Rheine hatten die Menschen unter den hessischen Soldaten zu leiden.

Der »Kaole Paul« von Rheine

Die Bevölkerung in Rheine litt große Not und entschloss sich, den Fürstbischof um Hilfe zu bitten. Sie ließen eine Brieftaube aufsteigen und informierten ihn über die grauenhaften Zustände. Zum Glück erreichte die Taube auch ihr Ziel und der Fürstbischof stellte ein Heer zusammen, mit dem er sich so schnell es ging auf den Weg nach Rheine machte. Dort hatten die Hessen schon die ganze Innenstadt und die Brücke über die Ems besetzt. Wie sollten die Verbündeten nur in die Stadt kommen?

Die kalte Witterung in der Nacht zum St. Pauli-Tag kam den Bürgern zu Hilfe, denn über die zugefrorene Ems konnten die Soldaten in die Stadt gelangen. Allerdings war die Ems noch nicht ganz zugefroren. Doch man wusste sich zu helfen: Kurzerhand wurde Mist, Heu und

Stroh ins Wasser geworfen, damit es schneller gefror. So konnten die bischöflichen Truppen den Bürgern von Rheine bald zu Hilfe kommen. Es dauerte nicht lange, da war die Stadt von den Hessen befreit. Vor Erleichterung, dass deren Vertreibung so wunderbar gelungen war, ordnete der Fürstbischof an, den »Kaolen Paul« einmal im Jahr zu feiern. Noch viele Jahre nach der Befreiung der Stadt führten die Bürger von Rheine an diesem Tag eine Prozession durch.

Literatur

Angenent, Katja: Von Geistern, Gespenstern und Gruselgestalten. Münster 2022

Bahlmann, Paul (Hrsg.): Münsterländische Märchen und Sagen. 3. Aufl., Bocholt 1998

Boge-Erli, Nortrud: Das Münsterländer Märchenbuch. Sagen, Legenden und Märchen aus dem Münsterland neu erzählt. Köln 2019

Brockpähler, Renate: Der »Gute Montag« der Bäckergilde Münster, in: Rheinisch-Westfälische Zeitschrift für Volkskunde, 16 (1969), S. 129

Bügener, Heinz (Hrsg.): Münsterländische Sagen. Geschichten aus dem alten Landkreis Steinfurt und angrenzenden Gebieten, 2. Aufl., Münster 1981

Dege, Wilhelm (Hrsg.): Sagen aus Westfalen. Dortmund 1964

Detering, Monika: Sagen & Legenden aus Westfalen. 4. Aufl., Rheinbach 2021

Geister, Oliver (Hrsg.): Märchen des Münsterlands. Märchen – Sagen – Spukgeschichten. Münster 2018

Grimm, Jacob und Wilhelm: Deutsche Sagen. München 2014

Hellenthal, Verena: Märchen aus dem Münsterland. Erfurt 2012

Henßen, Gottfried (Hrsg.): Volk erzählt. Münsterländische Sagen, Märchen und Schwänke. 3. Aufl., Münster 1983

Kortsteger, Marion: Unheimliche Sagen aus dem Münsterland. Kassel 2004

Dies.: Die schönsten Sagen aus dem Münsterland. Kassel 2007

Löhr, Ingrid: Bommenberend und die Brochterbecker Hexe. Münster 1991

Paul, Tilo: Sagen aus der westfälischen Heimat. 2. Auflage, Münster 1983

Rölleke, Heinz (Hrsg.): Westfälische Sagen. Düsseldorf, Köln 1981

Sauermann, Dietmar: Sagenhafte Stätten. Ein Begleiter durch die Sagenwelt Westfalens. Münster 1993

Schulze, Wolfgang (Hrsg.): Die schönsten Sagen aus Münster. Essen 1982

Zaunert, Paul (Hrsg.): Westfälische Sagen. Jena 1927

In dieser Reihe sind erschienen

Wilko Jäger
Sagen und Geschichten aus dem Teufelsmoor, Bd. 1 – 4

ISBN 978-3-95494-256-5
ISBN 978-3-95494-257-2
ISBN 978-3-95494-258-9
ISBN 978-3-95494-262-6

»Die vorliegenden Sagen und Geschichten aus alter Zeit basieren zum Teil auf mündlichen Überlieferungen, finden sich aber auch in heimatkundlichem Schriftgut wieder.

Über mehrere Jahre trug ich sie zusammen, verfasste und ergänzte die Sagen und Geschichten in meinem eigenen Schreibstil neu, hoffentlich entsprechend anregend und unterhaltsam. Sagen sind ortsgebunden und damit ein geheimnisvoller Schlüsssel zum Zugang in die Heimatgeschichte.«

Cornelia Kenklies
Sagen und Geschichten aus dem Alten Land

128 S., 14,90 Euro
ISBN 978-3-95494-261-9

»Das Alte Land ist reich an Märchen, Anekdoten und Sagen, die zumeist auf Plattdeutsch überliefert sind. Zum Glück haben literarisch begabte Altländer der frühzeitig zur Feder gegriffen und uns einen tiefen Einblick in Sitten, Gebräuche und Mentalität hinterlassen.

Aus dieser reichen Quelle durfte ich schöpfen, sammeln, zusammentragen und übersetzen. Wir alle stehen auf den Schultern unserer Ahnen. Ihnen gebührt der Dank. Ohne ihren Fleiß und ihre Heimatliebe hätte dieses Büchlein nicht erscheinen können.«

Heike Bloom
Karin Sohnemann
Sagen und Geschichten aus der Lüneburger Heide

128 S., 14,90 Euro
ISBN 978-3-95494-254-1

Die Autorinnen haben aus allen Teilen der Lüneburger Heide Sagen und Geschichten gesammelt, die in diesem Buch neu erzählt werden.

»Ein kurzweiliges Buch mit Kurzgeschichten, wie man sie heute auch wieder für Besonderheiten in der Heide neu entdeckt hat. Geschichten, die die Fantasie der Leser beflügelt.«

Mathias Zimmermann
(Geschäftsführer VNP)

Ortsregister